キリスト教 ビギナーズ

Christianity for Beginners

―― キリスト教から生きる意味を学ぶ ――

一麦出版社

Soli Deo Gloria

目 次

はじめに

　毎年発行される『キリスト教年鑑』の資料によればキリスト教は世界の
あらゆる大陸に分布している. キリスト教は世界人口の3分の1が信じ
ている. まさに「世界中のキリスト教」と言えるであろう. また, 資料で
確認できるように, 世界において「最大の宗教」でもある. そういう意味
でキリスト教を学ぶことは世界のことを学ぶことであり, 世界的常識を身
につけることでもある. これは世界的教養を学ぶことにもつながる.

　キリスト教は西洋社会で長い間, 歴史をとおして文明と文化を形成して
きた. 日本にも明治期にキリスト教が移植され(ここではプロテスタント・
キリスト教をさす), 影響を強くうけている. その文化についての理解の深
化を, キリスト教を学ぶことによってできる. さらに, 西洋の宗教でもあ
るキリスト教だから, 異文化理解の深化ともかかわるのである. 以上のこ
とから, キリスト教を学ぶことは, 幅広い教養人になることにつながるで
あろう.

　キリスト教は西洋の世界で発展した宗教であるが, しかし, 私たちと無
関係な宗教ではない. 日常生活がキリスト教と深くかかわっている. たと
えば, 日本の公立学校は「日曜日」には休むのである. また, 多くの日本
人は「クリスマス」を祝う. 日本でも西暦を使うが, それはイエスの降
誕を基準にして世界の歴史を紀元前(BC, Before Christ)と紀元後(AD,
Anno Domini)に分けたのである.

　また, あることがきっかけとなって迷いから目をさまされ, 物事の実態

がわかるようになることを「目からうろこ」という．これは新約聖書の使徒言行録9章17―20節の出来事から生まれたことわざである．「狭き門」はマタイによる福音書7章13節とルカによる福音書13章23―24節に，「砂上の楼閣」はマタイによる福音書7章24―27節に書いてある．さらに福音の意味の「ゴスペル」（gospel）とキリスト教の神をさす「三位一体」（trinity）を少なくとも聞いたことはあるだろう．つまり，私たちの生活の中でキリスト教を抜きにすることはほぼできなくなっているのである．

では，キリスト教（学）を学ぶ意義は何か．以下の四つの理由があげられる．

第一は，世界の常識としてのキリスト教（聖書）理解である．キリスト教の聖典である聖書は古典の中の第1級の古典である．聖書は世界のベストセラーである．今も世界で一番多くの人々に読まれており，販売されている．さらに世界で最も多くの言語で翻訳されている書物が聖書である．

第二は，日本社会にすでに深く浸透しているキリスト教である．日本にはキリスト教系学校が多くある．そこではキリスト教的な考えが教育の精神である．また日常生活においてもキリスト教の影響は多いのである．たとえば，信教の自由のことなどがあげられる．

第三は，日本社会のマイノリティーとしてのキリスト教である．キリスト教を信じる日本人は全人口の1％の120万くらいである．プロテスタント・キリスト教宣教は1859年からであるが，信者のパーセンテージは伸びていない．なぜだろうか？　こういう現象は先進国では日本だけの現象である．近代的な考え方が浸透しているにもかかわらず，キリスト教人口は増えていない．その理由を探ることは日本を理解することにつながるのである．

第四は，キリスト教学校の独自性である．マイノリティーにもかかわらず，日本にある多くのキリスト教学校はキリスト教精神にもとづいて教育を行っている．キリスト教大学ではキリスト教を学問的に教えている．中

学校とか高等学校では聖書を教えている．また，入学式および卒業式など
はすべてキリスト教的な礼拝形式で行う．

　以上のことから言えるのは，キリスト教を学ぶことは日常生活の再確認
であり，世界の一員として生きることの意味を深めることである．

第Ⅰ部　キリスト教の基礎

第1章 キリスト教への入り口

第1節 共に集まる ——礼拝

　礼拝はキリスト教学校のみで体験できるプログラムである．礼拝は単なる宗教行事ではない．礼拝は神との出会いの場である．礼拝は学校生活の中心であり，生き方と力と慰めを得るときでもある．それは語られる奨励をとおして聖書の学びを深めつつ，自分と向き合うことができるからである．英語では礼拝を worship，または service という．意味は神をあがめること，また絶対者を崇拝するということである．礼拝についての研究は山ほどあるが，ここではキリスト教の歴史において重要な学者二人の定義を紹介する．

　まず，トマス・アクィナス（Thomas Aquinas，1225-1274）である．彼は 12 世紀のイタリアの神学者である．いわば「スコラ神学」を集大成した思想家である．アクィナスが残した業績はとても多いが，その中で最も重要な業績は『神学大全』（summa theologiae）である．トマス・アクィナスよれば，礼拝とは「人間が神を信仰するために礼拝が必要」と言う．信仰とは信じる行為である．信じることは「心を神にあげる」（give）意味である．人間が神という存在を信じることとは，自分の心をあげることである．神の教えによって心を新たにすることである．アクィナスによれば礼拝は心を新たにすることであり，それは礼拝をとおして信仰生活のための神の恵みをうけることができる，という考えである．

　次は，ジャン・カルヴァン（Jean Calvin，1509-1564）である．カルヴァンはフランス人で宗教改革を完成したキリスト教思想家である．カルヴァ

ンの主な著作は『キリスト教綱要』（Institutes of the Christian Religion）がある。トマス・アクィナスがローマ・カトリックの思想家で、『神学大全』がローマ・カトリックの神学書であれば、カルヴァンの『キリスト教綱要』とはプロテスタント・キリスト教の神学書である。カルヴァンは礼拝について次のように言う。「神を正しく崇拝することがキリスト教の第一の目的である。人間は神のために存在する。そしてそのため礼拝が必要である。礼拝とは、神がかつて行われたこと、神が今現在に行いつつあること、さらに神が将来に行うと約束していることに対する人間の祭儀的な応答である」。つまり、イエス・キリストをとおして示されている神の恵みへの人間の心からの応答が礼拝である。ちなみに、カルヴァンの思想をよく「神中心主義」ともいう。

1. 礼拝についての聖書的根拠

ルカによる福音書 17 章 11－19 節

イエスが重い皮膚病の人々を癒した物語である。この病気を聖書では「重い皮膚病」ともいう。ハンセン病とやや似ている。昔はこれを伝染病だと思っていた。今から 2000 年前のイエスの時代にこの病にかかるこ

病人たちを癒すキリスト〔百グルテン版画〕（レンブラント，1649 年頃）

とは治療が絶望的であった．彼らは村から追放され，皮膚病の人々を収容しているところで隔離させられた．収容というより追い出したのである．イエスは10人の病人を癒した．この行為は神の恵みである．彼らの求めにイエスは応じたのである．そして彼らはお金などをイエスに出したこともない．ただで癒してもらったのである．キリスト教のいう「神の恵み」（the Grace of God）は，ただでもらうプレゼントの意味である．この10人の中でイエスのところにきて感謝を述べたのはサマリア人のみである．また，サマリア人は神を讃美したのである．このサマリア人の感謝の讃美と感謝の行為，つまりある出来事（イエスの行為という恵み）への人間の感謝の行為が「礼拝」である．その感謝の行為が「応答」である．その感謝の応答とはあくまでも自発的な応答である．

詩編100編1−5節　詩編とは讃美歌の歌詞，また人の祈りのことばである．そのためよく詩編は「礼拝の書物」ともいう．その中で最も有名な詩編が詩編100編である（ちなみに詩編は，章とはいわずに編ということを覚えておこう）．ここで記されている礼拝についてのイメージとは「いつも喜びに満たされて神をほめたたえること」である．詩編100編によれば，礼拝とは神を知ること，歓喜すること，喜ぶこと，讃美すること，祝福すること，自分と他者が存在する理由を深めることである．礼拝は神についての認識と自己についての認識である．その認識とは自分自身が存在することが神の恵みだからこそ，どんなときにも喜ぶのである．だから，悲しいことがあっても喜びの讃美を歌うことができるのである．その讃美とかを歌うことによって悲しいことが癒される．新たな思いで生きることができる．ゆえに礼拝とは重荷ではなく，励ましである．

2．礼拝の順序

（前奏）礼拝に招いてくださった神に心を向け，礼拝のために心を整える．

讃美　神を心から褒め称えつつ,讃美歌の歌詞を用いて心より神に祈る.

祈り（主の祈り）　神に心からの願いをささげる.

聖書朗読　書かれた神のことばを聴く.

説教（奨励）　牧師および奨励者をとおして神のメッセージが語られる.

祈り（執り成しの祈り）　説教者が聴衆のために祈る.

讃美　聞いたメッセージを憶えつつ神に感謝の讃美をささげる.

頌栄　神をたたえて歌う.

祝祷（祝福の祈り）　牧師が聴衆のために祝福の祈りをささげる.

（後奏）　礼拝をふりかえりつつ,新たな思いで生きることを祈る.

3. なぜ日曜日に礼拝を？

キリスト教教会では主に日曜日に礼拝をする（ちなみにイスラーム教は金曜日に,ユダヤ教は土曜日が礼拝の日である）.では,なぜキリスト教は日曜日に礼拝をするのか？　まずその聖書の根拠をあげてみよう.その代表的な箇所がヨハネによる福音書20章1―10節である.

この箇所によれば「日曜日」は「週のはじめの日」である.この日に何が起こったのかというと,聖書によれば「イエスが死から復活」したのである.つまり,キリスト教の礼拝とはイエスの復活を憶え,その出来事を祝うために集まり,感謝の応答をすることである.また,このことからキリスト教信仰の中心は「イエスの復活」であると言える.

キリスト教ではイエスが死から復活した日を新しい創造の最初の日とみなし,公的に礼拝を行ってきたのである.「新しい創造の最初の日」とは,死は終わりの意味であるが,死からのよみがえりだからこそ,創造を意味する.また旧約聖書に従えば,神が世界を創造したのは「日曜日」つまり,「週の第一の日」である.イエスが復活したのは日曜日だから,週の第一の日であって,それが無からの創造と同じ意味だからこそ,新たな創造の日というのである.

さて，礼拝についてAD165年ごろの記録を紹介しよう．殉教者"ユスティノス"という思想家の記録である．ユスティノス（Justin, 100-165頃？）とは古代キリスト教の弁証家である．弁証家とはキリスト教を否定する人々に学問的に説明する人をさすのである．古代ではローマ帝国によってキリスト教が迫害された．そのときにユスティノスのような思想家がキリスト教を弁護したのである．わかりやすく言えば，キリスト教側に立ってキリスト教を弁護する弁護士のような存在であり，それとやや似たような活動をした思想家である．彼はのちにキリスト教信仰者だという理由でローマの迫害によって処刑される．それで彼を「殉教者ユスティノス」という．彼は礼拝についての記録を残した．ポイントのみを紹介する．

・日曜日には決めた時間に一定の場所に集まる．礼拝の時間と場所のこと．

・人々は集まり，昼食としてパンとぶどう酒を持ってくる．

・パンとぶどう酒はイエスが十字架につけられる前の晩に弟子たちと一緒にした最後の晩餐（最後の食事のことをさす．マタイによる福音書26章26—30節）を礼拝の際に再現するため，持ってくるのである．

・その日（日曜日）には聖書を読み，牧師がその箇所（聖書の本文を箇所という）について説き明かしをする．また，讃美歌をも歌う．

・礼拝が終わると，集まった人々が持ってきたパンとぶどう酒を出し合い，共に食事をする．でも，それをすべて食べることはしない．また，持参するパンとぶどう酒は2人分以上を持ってくる．裕福な人は3人分以上を持ってくる．

・残されたパンとぶどう酒を集まった人々が分け合い，この日礼拝に来なかった人の家を訪問し，彼らにそれを渡す．

以上が，古代時代のキリスト教の礼拝である．今もこういう精神は生きている．共に集まることであり，キリストにある家族であるという意識である．また，貧しい人のために自分の富などを用いる奉仕の精神である．

自発的に仕える精神が礼拝の精神である．つまり，神への感謝が人への奉仕である．

第2節　すべての人の祈り —— 主の祈り

1．祈りとは何か？

よく日本語では祈りを祈祷ともいう．祈りとは「人間の宗教性の本質的なもので，応答可能とみられる人格神に向けられる人間の切なる願いである」といえよう．聖書には祈りが多く書いてある．まず，すでに紹介したように旧約聖書では「詩編」という書物があげられる．詩編には神への讃美のことば，また信仰や罪の告白のことば，嘆き，お願いなど多様な形での祈りのことばが書き記されている．その代表的な詩編が詩編 23 編と詩編 51 編である．

また，旧約聖書には詩編以外にも祈りのことばが書いてある箇所が多くある．たとえば，サムエル記上 2 章 1—11 節までの「ハンナの祈り」があげられる．ハンナという女性は結婚をしていたが，不妊だった．彼女は

主の祈りの教会の外壁・「主の祈り」が各国語で記されている（オリーブ山）

子どもが授かれることを願い，神殿で祈ったのである．その祈りによって彼女は子どもを出産する．その後の彼女の祈りが「ハンナの祈り」である．感謝の祈りとして有名である．

　新約聖書にも多くの祈りのことばがあるが，イエスの祈りがモデルとなっている．それが「主の祈り」である（マタイによる福音書6章9—13節）．また，ヨハネによる福音書17章のイエスの祈りも有名である．さらに，イエスは十字架で殺されるときにも人を赦す祈りをしたのである．たとえば，マタイによる福音書27章32—56節を読んでみるとよい．十字架上での短いイエスの祈りが書いてある．

　以上のように，キリスト教の祈りは精神集中のようなものではない．また自力的瞑想でもない．神から授かる愛に呼応する人間の行為であり，神への信頼を表す人間の心からの切なる願いである．つまり「一方が呼びかけ，または話しかけ，相手がそれに答えること」である．人間の超越的人格的次元の「信頼」および「対話」の地平が祈りである．

2.「主の祈り」について

　キリスト教の祈りというと，その代表的な祈りは「主の祈り」（The Lord's Prayer）である．「主」とは「イエス・キリスト」をさす．「Lord」は「主」の意味である．「主」とは「主人」の意味である．イエスが「主人」だということである．

　この主の祈りは上述したように，マタイによる福音書6章9—13節，またルカによる福音書11章2—4節に収録されている．イエスは主の祈りを教えるときに，だれでもどこでも祈ることをすすめたのである．祈る内容についての教えが主の祈りである．主の祈りは，イエス自身の祈りであり，またイエスの祈りについての教えから切り離してはならない．イエスの存在，行動全体と切り離すこともできないのが主の祈りである．

　次は，主の祈りの構造とその意味である．

①神への呼びかけ

「天におられるわたしたちの父よ」

　　→これは神が人間の祈りの対象であるという意味である.

②神に関する三つの願い.

　a.「御名が崇められますように」

　　→「御名」とは「神の名前」のことである. 聖書において「名前」
　　　とは存在, 人格の意味をもつ. だから「神の御名」とは神の
　　　存在という意味になる. つまり, 神が崇められるようにとい
　　　う願いである.

　b.「御国がきますように」

　　→「御国」とは「神の国」をさす. 聖書のいう「国」とは「統治・
　　　支配」の意味である. つまり神の支配と統治が実現されますよ
　　　うにという意味である. 神が世界の王として統治している事実
　　　が明らかにされることの願いである.

　c.「御こころが行われますように」

　　→「御こころ」とは神の計画をさす. 世界に対する神の計画が実
　　　現されることを願うことである.

③人間の基本的な必要についての願い.

　a.「わたしたちに必要な糧を今日与えてください」.

　　→これは日ごとの糧（食べ物を含め必要なものすべて）が毎日与え
　　　られることを願うことである. その日に必要なものがその日に
　　　与えられることによって人間は生きることができる. また「わ
　　　たしたち」とあるように, 個人のみならず, 他者の必要のため
　　　の祈りでもある. つまり, 全世界のすべての人々が毎日, 必要

なものが与えられ，その日を生きることができるように，とい
う願いである．

b.「わたしたちの負い目を赦してください，わたしたちも自分に負
い目のある人を赦しましたように」

→これは負い目の赦しである．神による罪の赦しと人間の罪を赦
すことを願う祈りである．互いに赦し合うことができるように
と祈ることである．つまり，人間は神から赦されているから，
赦す存在になるべきである．赦しがなければ，互いに憎み合う
のである．差別し合うのである．他者と敵対関係になる．それ
では人間は生きることができない．「糧」が体のための必要な
ものであれば，「赦し」は心の平安のために必要なものであり，
社会と世界を平和へと導くものである．

c.「わたしたちを誘惑に遭わせず，悪い者から救ってください」

→これは試練から打ち勝つことを願うことである．世界に存在
する悪とは抽象的なものではなく，必ず人間によって持たされ
るものである．試練は悪い者が与えるものである．試練が悪で
もある．悪から救われることを祈らなければ，悪に負け，悪者
となるのである．神の救いを求めることであり，自分が悪い者
にならないようにと願うことである．

祈りの最後は「アーメン」で締めくくる．これは「わたしもそのように
信じる」「同意する」「真実である」という意味である．

☞ **課題**

・詩編 23 編と 51 編における祈りの精神とは何か？

・主の祈りが教える（強調する）キリスト教的精神について考えてみよう．

第3節　芸術から見えるキリスト教

1. 音楽 ——讃美歌

　キリスト教は神を公に礼拝することを重んじる宗教である．そのため礼拝に用いる音楽を発展させてきた．その代表的なものが讃美歌である．礼拝のときに讃美歌を歌う習慣は古い．すでに述べているように旧約聖書の『詩編』は讃美歌の歌詞のような詩である．たとえば詩編117編は神を讃美するようにと勧めている．この詩編はモーツァルト作曲の「Laudate Dominum」のもととなっている．「Laudate Dominum」とは「主をほめたたえよ」の意味である．また，詩編には「ハレルヤ・

中世ヨーロッパの彩飾された楽譜

Hallelujah」というヘブライ語が出てくるが，それは「神を讃美せよ」の意味である．つまり，ヘブライ語の「ハレルヤ」がラテン語の「Laudate Dominum」である．また，新約聖書エフェソの信徒への手紙5章19—20節では「詩編と賛歌と霊的な歌によって語り合い」とある．讃美歌を歌うことは旧約の時代にも，新約時代でも習慣だったことがわかる．

　ベートーベン作曲の「荘厳ミサ曲」には，多様なキリスト教の聖句（聖書のことば）がうたわれている．またヘンデルの「メサイア」の歌詞はすべて聖書の内容である．ちなみに「メサイア」とは「メシア」のことで，意味は「救い主」である．メシアはヘブライ語であり，ギリシア語では「キリスト」という．ヘンデルのメサイアの中の曲の一部は，私たちの讃美歌にも収録されている．このように讃美歌はキリスト教の核となる価値観，概念への扉となる．神の善，信実，愛を宣言するものであり，キリスト教信仰の基本について人々を教育する役割を担うものである．最も代表的な讃美歌をあげると，ジョン・ニュートンが作詞した「Amazing Grace」（1779年，『讃美歌21』の451番に収録）である．

サン・ピエール教会（ジュネーブ）

2．教会建築

　キリスト教の建築は主に教会建築とともに発展してきた．ヨーロッパの古いしかも有名な聖堂（教会，礼拝堂ともいう）は，キリスト教信仰の重要な入り口である．建物の構造自体がキリスト教信仰を表す．中世ヨーロッパの大聖堂のように古い教会は，大多数の人々が文字を読み書きできなかった時代に，キリスト教

のさまざまな側面を伝えた．た
とえば，ステンドグラスの窓は
信徒にキリスト教の信仰生活と
思想を伝える．その思想はイエ
スの十字架，復活が中心である．
建物を読むことが信仰，またキ
リスト教理解のカギであった．

3．キリスト教美術——芸術
　可視的な芸術には彫刻，絵画
などがある．最も有名なのがミ
ケランジェロの「アダムの創造」
である．また，レオナルド・ダ・
ヴィンチの「最後の晩餐」もと

放蕩息子の帰郷
（レンブラント，1668 年）

ても優れた作品である．これらのものは画家の聖書理解に基づいてできた
ものである．そして聖書の内容を，美術作品をとおして伝えるのである．
たとえば，オランダの画家のレンブラントの作品「放蕩息子の帰郷」はル
カによる福音書 15 章 11—32 節のメッセージを伝えている．また，ミレー
とレンブラントの作品である「種を蒔く農夫」はマタイによる福音書 13
章 1—9 節をもとにしている．

☞　課題

・ジョン・ニュートンの Amazing Grace を聞いてみよう．また，なぜ，彼
　がこの讃美歌を作詞したのかについて調べてみよう．

・オランダの画家レンブランドの作品「放蕩息子の帰郷」が語るキリスト教
　精神について調べてみよう．

第2章　図書館としての聖書

第1節　旧約聖書（Old Testament）の構成と内容

旧約聖書は 39 書で構成されている．創世記からマラキ書までが旧約聖書であり，1502 頁まである．とても内容が多く，歴史も長い書物である．旧約聖書は以下のように区分することができる．

1．モーセの五書

モーセの五書とは，創世記，出エジプト記，レビ記，民数記，申命記の五つの書物をさす．モーセの五書をヘブライ語では Torah（律法の意味）という．旧約聖書の中で最も重要な書物である．その内容は以下のとおりである．

世界の創造という普遍的な歴史の始まり．アブラハム，イサク，ヤコブというイスラエルの族長の歴史．一つの民族としてのイスラエルの歴史．エジプトからの解放などを含む，初期のイスラエルの歴史．イスラエルが約束の地に入る．今のパレスチナにイスラエルの民族が定着する過程．イスラエルの民の生活の掟である律法の授与．

2．歴史書

歴史書とは，ヨシュア記，士師記，ルツ記，サムエル記上，下，列王記上，下，歴代誌上，下，エズラ記，ネヘミヤ記，エルテル記である．イスラエルのカナンでの歩み，つまりパレスチナでの歴史，その後イスラエルが王朝を建てる歴史，そしてイスラエルが周辺の帝国によって崩壊され，捕囚

される歴史などが書いてある．その内容の概観は以下のとおりである．

　神の民のさまざまな様相の記録．パレスチナというカナン征服．カナン
を部族ごとに分割する歴史．神政政治のありよう．イスラエルの王朝成立．
ダビデ，ソロモン王朝と神殿建築．ソロモンの後のイスラエルの分裂（南
はユダ王国，北はイスラエル王国）．北イスラエル王国のアッシリアによる
崩壊．南ユダ王国のバビロニアによる捕囚．捕囚からの帰還．神殿とエル
サレム城壁の再建．また，捕囚されたイスラエルの民が捕囚の国での活躍
などが歴史的順序によって構成されている．

3. 預言書

　預言書とは預言者が神の信託をイスラエルに語ったことばである．預言
者とは誰か？　ある期間に，個人が霊感をうけ，神の意思を彼らの同胞の
民に知らせた人をさす．預言者は現代のことばで言えば，説教者のような
存在である．その人々によって記録されたのが預言書である．内容をおお
まかに言うと，神のことばを聞いて，神に立ち帰るという信仰の回復のこ

四十二行聖書（1455 年頃）

とであり，そのように人間が信仰を回復できる背後には，神の無限な愛が潜んでいるということである．預言書には二種類がある．

大預言書はイザヤ書，エレミヤ書，哀歌，エゼキエル書，ダニエル書である．12 の小預言書はホセア書からマラキ書までである．大，小預言書の分類の理由は，預言者の重要性を比較し，判断したものでない．それらの長さによる．小預言書は，歴史的順序に従って配列されている．

4. 詩編と知恵文学

知恵文学とは詩編，ヨブ記，箴言，コヘレト，雅歌である．詩編も知恵文学の中に分類することができる．その内容は真の知恵はいかにして見出されるか，という問題を扱い，知恵の実用的な例を与えている．詩編は，旧約聖書におさめられた 150 編の神への祈り，讃美の詩のことである．詩編のほとんどの詩が典礼，つまり礼拝に用いられた詩（神への讃美）と神への感謝の詩に分類することができる．

第 2 節　新約聖書（New Testament）の構成と内容

新約聖書はマタイによる福音書からヨハネの黙示録まで 27 書で構成されている．新約聖書はキリスト教徒にとって最も重要な書であり，キリスト教の福音の基礎となる出来事や信仰が述べられている．新約聖書はギリシア語で記録されている．

1. 四つの福音書

四つの福音書は，マタイによる福音書，マルコによる福音書，ルカによる福音書，ヨハネによる福音書をさす．福音（gospel）とは「良いお知らせ」の意味である．福音書はイエスの「教え」と「生涯」を描いている．キリ

四人の使徒（デューラー，1526年）
左からペトロ，ヨハネ，パウロ，マルコ

スト教信仰のおもな素材を供給している．福音書を読むことによって，キ
リスト教徒がイエス・キリストを，この世の主であり，救い主であると信
じたのかが理解できる．福音書は，共観福音書という「マタイ，マルコ，
ルカ」と，第四の福音書の「ヨハネ」とに分けることができる．

2．歴史書

　使徒言行録（The Acts of the Apostles）は新約聖書の歴史書である．「使
徒」とはイエスの弟子をさすが，同時にイエスに出会った人をもさす．使
徒言行録は，キリスト教が広まってゆく歴史の記述である．イエスの教え
である福音がどのようにしてパレスチナからヨーロッパに伝播したのかと
いうプロセスを歴史的順序に描写している．使徒言行録の最も重要な箇所
は1章6−11節である．それはイエスの福音が「エルサレム➡サマリア
➡アジア（今のシリアとトルコ）➡ヨーロッパ」（今のギリシア）へと広が

るからである．福音が広がるとは，キリスト教の教会が建てられることである．使徒言行録1章ー12章まではイエスの弟子であった「ペトロ」の活動が中心であり，13章ー28章までは「パウロ」という伝道者の活動が主な内容である．

3. 書簡書（手紙）

新約聖書には21の手紙という書物がある．ローマの信徒への手紙からユダの手紙まである．書簡ともいえるが，キリスト教徒の信条やふるまいかたについての教えである．手紙は現在も重要な意味をもつが，理由はキリスト教信仰の原初の状態を知ることができるからである．書簡はしかし教義の教科書でなく，キリスト教信仰のあらゆる側面についての生きた証言である．道徳的指針および霊的（信仰的）励ましが手紙の記録目的である．

4. 黙示文学

新約聖書にはヨハネの黙示録という黙示文学の書物がある．黙示文学とは，「神が選ばれた預言者に与えたとする秘密の暴露，またそれを記録したもの」をさす．こういう黙示を記録した書を黙示文学という．黙示文学はユダヤ教・キリスト教の伝統において極めて重要である．黙示文学では，天地創造以来現代を経て終末に至るまでの時代区分の説明，善と悪の対立，現代が悪の支配する時代であるという認識，歴史の終わりによる悪の時代の終焉，死者の復活，最後の審判，天国と地獄などの教えが書いてある．

ヨハネの黙示録にも，歴史の終わりをみる幻を描いている．天国をのぞき見ることが著者は許されていた．それが新しいエルサレムである．記録時期はローマの皇帝ドミティアヌスの治世（AD81ー96年在位）の後期と言われている．この時期はローマ当局が帝国内のいくつかの地域でキリスト教を迫害していた時期である．特に小アジア（現在のトルコ）では最も激しかったという．ヨハネの黙示録の特徴は，幻の形．象徴と高度に比喩

的な言語使用をしている．例：暗闇の都市はローマをさし，獣はローマの
皇帝の譬えである．

第3節　旧約・新約聖書の連続性

　旧約聖書と新約聖書は契約思想を語る書物であり，契約（covenant）と
いう思想によって統一されている．旧約聖書は，キリストの到来について
の約束である．新約聖書は旧約聖書の約束の成就を意味する．言い換え
れば，旧約聖書は「約束」（promise）であり，新約聖書は「成就，実現」
（fulfillment）といえる．

1．アウグスティヌスの聖書理解

　キリスト教の歴史において最も尊敬を受けている教父（church father）
といわれるのがアウグスティヌス（Aurelius Augustinus, 354—430）である．
彼は「新約聖書は旧約聖書に隠されており，旧約聖書は新約聖書によって
覆いをとられる」と言った．つまり，新約聖書なしには旧約聖書を理解す
ることはできない．また旧約聖書の背景において新約聖書の意味が明らか
にされるということである．アウグスティヌスはこのことについてさらに
次のように言う．イエス・キリストによって破壊されたのは，旧約聖書で
はなく，覆い隠す「ヴェール」である．「ヴェール」が破壊されて，キリ
ストによって旧約聖書が理解されたのである．キリストなしには不鮮明で
隠されていたものが，いわば「開かれ」，解釈によって明るみに出される
べき象徴によって秘密の真実が伝えられている．

2．旧約聖書と新約聖書の歴史理解

　いわゆる「約束」の「実現」という旧約聖書と新約聖書の歴史を「救済

史」（salvation history）という．旧約聖書はイスラエルの歴史が主な内容であるが，それは神がイスラエルを選び，神から選ばれた民族の歴史（選民の歴史）であるため，それを救済史という．新約聖書はイスラエルの民族のみならず，イエス・キリストによって救われたすべての民族のことが書いてあり，イエスの救いの中に入られた人々を「教会」という．こういう意味で新約聖書は旧約聖書の救済史を受けついでいるのである．

	旧約聖書	新約聖書
マタイによる福音書	モーセ	イエス
	律法	福音
	イスラエル	教会
パウロの手紙	アブラハムの選び	キリスト教徒の選び
	アブラハムの信仰	キリスト教徒の信仰

　以上のように，旧約聖書と新約聖書の連続性という救済史を聖書記者は強調する．それは，旧約聖書と新約聖書，両聖書での神の行為という救いである．旧約聖書と新約聖書は，救いの目的と神の存在と行為が人間の歴史であることを強調する．つまり，普遍史は救済史である．

☞　**課題**

・普遍史の意味と救済史の違いと共通点についてさらに調べてみよう．

第3章　説教とキリスト教の暦

第1節　ことばを重んじる——説教

　説教とは宗教的用語で，その意味は「教えを説き聞かせ，人を導くこと」である．キリスト教では，礼拝における主要素の一つである．説教は聖職者——牧師，神父——が聖書の内容を現実の問題に照らして解き明かし，神の導きを悟らせる行為である．説教はただ単に聖書の概説ではなく，聖書の教えに基づいて生きることを促す行為である．ここが説教の思想的語りとは異なるところである．

　説教とは説教者の人生観や宗教的思想，また神についてのことを教えることではない．神のことばである聖書に記録されている事柄——福音——を聞かせ，宣べ伝えること（preaching）である．説教の中心的ポイントはイエス・キリストの出来事である．

　さらに説教とは礼拝における公的行為である．礼拝が教会の公の行為であるため，説教は説教者個人の行為ではなく，公的行為である．説教者の資格は按手礼を受けた聖職者に限られる．教会から説教を語るのに資格を備えたと許可された人のみに限られる．なぜならば，説教者はイエス・キリストの代弁者だからである．説教は説教を聴く人々をイエス・キリストへと導く行為であるため，よく「和解の務め」（コリントの信徒への手紙二5章18—20節）と言われる．

> 　これらはすべて神から出ることであって，神は，キリストを通してわたしたちを御自分と和解させ，また，和解のために奉仕する任務をわたしたちにお授けになりました．つまり，神はキリストによって世を御自分と和

解させ，人々の罪の責任を問うことなく，和解の言葉をわたしたちにゆだねられたのです．ですから，神がわたしたちをとおして勧めておられるので，わたしたちはキリストの使者の務めを果たしています．キリストに代わってお願いします．神と和解させていただきなさい（コリントの信徒への手紙二 5 章 18―20 節）．

　最後に，説教の目的と要素について考えてみよう．まず，説教の三大要素は，「聖書，説教者，聴衆」である．つまり，説教は聖書を囲みながら，説教者と聴衆がコミュニケーションをとるものなのである．次に，説教の三大目的は「聖書の真理を聞かせること」「理解させること」「決心させ生かすこと」である．説教は語る人と聴く人の倫理的決断を促すものである．説教とは，神の恵みをうける「チャンネル」であり，イエス・キリストの「権威を行使する手段」であり，キリストと「統合する様態」である．また，説教者は，完全な人間でなくても，生活を神のことばのもとに置くことによって「ことばに仕えるもの」となる．キリスト教が人間のことばを重んじる宗教であるということが説教理解からわかるのである．

第 2 節　キリスト教のカレンダー

　キリスト教会には独自の暦，カレンダーがある．それを「教会暦」という．これはイエスの生涯と教えに基づいた教会の活動が中心である．毎年，イエスの教えと生涯を心にとめながら，神のことばとともに歩むことが目的である．教会暦には，イエスの生涯を憶える暦とキリスト教の歴史と関わる暦がある．後者を教会の歴史と関わる暦ともいう．

1. イエスの生涯を憶える暦

待降節・降臨節（アドベント）　クリスマス前の四回の日曜日を含む期間で，イエス・キリストを迎える心の備え

の期間である．教会では，再び来る
キリストを迎える準備をする．この
ときにアドベントクランツなどを飾
る（ちなみにクリスマスは1月6日ま
でである）．アドベントは，教父の
ヒッポリュトス（170-235）が最初
に唱え，教皇ユーリウス1世（337
-352）のときに教会暦に導入された
と言われている．4世紀後半からこ
の期間を守ることが一般化する．ア
ドベントはラテン語のadventus（到
来，接近の意味）から由来している．

羊飼いの礼拝（レンブラント，1646年）

クリスマス，降誕節　クリスマスはイエス・キリストが生まれた日であ
る．英語では，Christmasというが，これは
Christ（キリスト＝メシア，救い主の意味）とMass（礼拝，ミサ）からでき
たことばである．すなわち，クリスマスはキリストを礼拝するという意味
である．クリスマス礼拝は救い主の降誕を喜び，神への感謝の礼拝である．
クリスマスの前日を，クリスマスイヴというが，教会では病気などによっ
て家でクリスマスを過ごす人のためにキャロリングなどを行う．

公現日，顕現日　epiphanyという．この日はイエス・キリストがすべ
ての人に明らかに現れたことを記念する日である．日
にちは「1月6日」で，東方の博士たちがイエスを見た日だとも言われて
いる（マタイによる福音書2章を参照）．東方正教会では公現日がクリスマ
スである．公現日は4世紀以降から教会で祝うようになる．アドベント
から始まるクリスマス期間として祝われている．

四旬節，受難節（Lent，レント） レントとは「受難」の意味である．

それは主にイエス・キリストの十字架での苦難のことをさす．受難節はイースターの前日まで，日曜日を除く40日間のことである．その間に日曜日は6回である．受難節の始まる水曜日を「灰の水曜日」という．「灰」は悔い改めを表す．昔から教会では断食をしながら，イエスの苦難を憶えてきた．そしてイースターの前の日曜日を「棕櫚の主日」という．それはイエスのエルサレム入城を記念することである（マルコによる福音書11章1−11節）．この「棕櫚の主日」から始まる1週間を「受難週」「イエスの最後の1週間」という．

イースター（Easter），復活節，復活日 クリスマスとは違ってイースターは毎年，日にちがかわる．春分後の最初の満月にくる日曜日がイースターである．クリスマスとともに教会の重要な日である．イースターはイエスが死から復活したことを記念する日で，キリスト教信仰の出発点となる祭りである．イースター

教会暦と典礼色

	教会暦・祝日	典礼色
11月 12月	アドベント（Advent） 待降節	紫
	クリスマス（Christmas） 降誕説	白
1月	エピファニー（Epiphany） 公現節	緑
2月 3月	レント（Lent） 受難節・四旬節	紫
	受難週（Passion Week） 聖金曜日	紫
	受難日（Good Friday）	
4月	イースター（Easter） 復活節	白
5月 6月	ペンテコステ（Pentecost） 聖霊降臨節	赤

キリストの昇天（レンブラント，1636 年）

エッグをつくり食べる習慣があるが，それは新しい命の象徴である．教会ではこの日にキリスト教の入信を意味する洗礼式などを執り行う（マルコによる福音書16章1—8節）．

昇天日　　イエスの復活から数えて40日めの木曜日が昇天日である．キリストの地上における生涯の終結の日として祝われている．

聖霊降臨日，ペンテコステ　　イースターから50日めの日曜日で，聖霊降臨が起こった日のことを記念する日である．ペンテコステの出来事の詳細は使徒言行録2章に書いてある．この日弟子たちが復活を証しし，3000人以上の人が洗礼を受ける．エルサレムにて最初のキリストの教会が誕生する．

2. 教会の歴史と関わる暦

こどもの日，花の日　　花の日は6月第二の日曜日である．アメリカの教会の行事で，明治期に日本に移入され花の日

となった．教会や教会学校で，自然の恵みを神に感謝する．病人，地域の
お世話になっているところに花を届け，慰問する日として守られている．

世界宣教を覚える日　10月第1日曜日である．全世界の教会が聖餐式
を行い，キリストにある一致を憶える日である．

宗教改革記念日　1517年10月31日，ドイツの神学者であるマルティン・
ルター（Martin Luther，1483−1546）が宗教改革を始
めたことを記念する日である．ローマ・カトリック教会から分離しプロテ
スタント教会が誕生したことを記念する日である．

収穫感謝日（Thanksgiving Day）　収穫感謝の行事をする日で，教会の
暦では1年の終わりである．アメリ
カではピューリタンたちの習慣に従い，11月第4木曜日に守られる．日
本の教会では11月第四日曜日を収穫感謝の日として礼拝を守る．

宗教改革記念碑　宗教改革の中心人物たちを記念して造られた壁像
左からファレル，カルヴァン，ベーズ，ノックス（ジュネーブ）

第4章　信じることと行うこと──使徒信条と十戒

第1節　われ信ず──使徒信条

信条とは何か　「信条」とはラテン語で credo という．意味は，「私は信じる」である．信条の原型は，マタイによる福音書 16 章 16 節の「あなた（つまり，イエス・キリスト）はメシア，生ける神の子です」とのペトロの告白だと言われている．信条とは「三位一体の神への信仰」と「告白」が定式である．こうしたキリスト教の信仰告白の中で最も重要な信条が使徒信条である．

使徒信条　使徒信条をラテンで symbolum apostolicum という．使徒信条はニカイア信条（325 年制定），アタナシオス信条（428 年以後制定）とともに古代の三つの信条の一つである．これらの信条を基本信条，また公同信条という．それはローマ・カトリック教会，東方正教会，プロテスタント・キリスト教などの教会が教派を問わず広く礼拝において用いているためである．使徒信条とは三つの信条の中で最も簡潔なものであり，教会の礼拝で唱えられる普遍的信条である．

使徒信条の原型である「古ローマ信条」

わたしは全能の父なる神を信じます．
わたしはその独り子，わたしたちの主，イエス・キリストを信じます．主は聖霊および処女（おとめ）マリアから生まれ，ポンティオ・ピラトのもとで，十字架につけられ，葬られ，三日目に死人のうちから復活し，天に昇り，御父の右に座しておられます．そこから来て生きている者と死んでいる者を審（さば）かれます．
わたしは聖霊を信じます．聖なる教会，罪の赦し，身体の復活を信じます．

使徒信条（口語文）

わたしは，天地の造（つく）り主（ぬし），全能の父なる神を信じます．
わたしは，そのひとり子，わたしたちの主，イエス・キリストを信じます．
主は聖霊によってやどり，処女（おとめ）マリアから生まれ，ポンティオ・ピラトの
もとで苦しみを受け，十字架につけられ，死んで葬られ，陰府（よみ）にくだり，
三日目に死者のうちから復活し，天に昇って，全能の父なる神の右に座し
ておられます．そこから来て，生きている者と死んでいる者とを審（さば）かれます．
わたしは，聖霊を信じます．聖なる公同の教会，聖徒の交わり，罪の赦し，
からだの復活，永遠（えいえん）のいのちを信じます．アーメン

　使徒信条の特徴は，三位一体論的信仰が表れていることである．古代時代の異端であるマルキオン派の反駁のため，神の主権と統一性が強調されている．また，仮現説の反駁のため，キリストの人間性および歴史性のリアリティーを肯定している．イエスの死と復活の強調をすることによってイエスの神性を肯定する．

　さらに，教会の定義がみられる．教会とは「聖なる公同の共同体」である．「公同」を意味する「catholic」とは「普遍的」の意味である．使徒信条によれば教会は特殊な機関ではなく，すべての人に開かれている普遍的な機関である．以上のように，使徒信条とは，キリスト教の教えである教理の要点，異端に対する防衛，信仰の要約，礼拝の中での信仰是認（宣言）である．

第2節　正しく生きるということ——十戒（じっかい）

十戒とは何か　キリスト教の倫理の土台である十戒は，十（とお）のことば，Decalogue といわれる．十戒は旧約聖書の出エジプト記 20 章 1—17 節と申命記 5 章 6—21 節に書いてある．十戒は律法の律法といわれるがゆえに，旧約聖書律法の母体であり，キリスト教信仰にお

ける倫理の土台である.

　しかし，十戒は「すべての倫理に共通の
基盤」だと言える．それは，社会における
人間の行為の基本的な規律が含まれている
からである．いかなる人間であろうとも，
共同体の中で生きようとする人の「生活の
出発点」とすべき規律が十戒に書いてある．
そういう意味で十戒は「社会生活上のすべ
ての倫理の土台」である．

十戒を受け取るモーセ
（ベンジャミン，1784 年）

十戒の内容と特徴　十戒は内容的には，二つに分けることができる．ま
ず，第一戒から第四戒までを「神に関する教説」と
いう．そこには神の至上権と神の主権が強調されている．

　　　第一戒　わたしをおいてほかに神があってはならない
　　　第二戒　いかなる像も造ってはならない
　　　第三戒　あなたの神，主の名をみだりに唱えてはならない
　　　第四戒　安息日を心に留め，これを聖別せよ

　次に，第五戒から第十戒までを人間社会に関する教説という．そこには
人間存在の権利が強調されている．

　　　第五戒　あなたの父母を敬え
　　　第六戒　殺してはならない
　　　第七戒　姦淫してはならない
　　　第八戒　盗んではならない
　　　第九戒　隣人に関して偽証してはならない
　　　第十戒　隣人の家を欲してはならない

以上が十戒の内容である．第一戒は唯一神教（monotheism）を，第二戒は偶像礼拝禁止という，神を見える形にして拝むことの禁止を，第三戒は何の目的もなく神の名を自分のために用いることの禁止を，第四戒は現実的な益という休むことと労働の意味を教える．第五戒は父母のみならず，国の支配層に対する忠誠，第六戒は不法な殺人の禁止，第七戒は結婚の神聖性を守り，家庭生活の健全化・安全化を目的とする．第八戒は所有権の確保の強調，第九戒は法廷における偽証の禁止の教えであり，第十戒は繊細な戒めといえる人間の内面的衝動の禁止を教える．

キリスト教信仰の二面性という特徴が十戒をとおしてわかる．つまり，キリスト教は神の方に向きながら，同時に人間の方に向いている．神に対する義務を果たすことは同時に人間に対する義務を果たすべきである．イエスはこれを「神への愛」と「人間への愛」と要約した（マタイによる福音書22章34—40節，マルコによる福音書12章28—34節，ルカによる福音書10章25—28節を参照）．神への愛が第一戒から第四戒までの教えであり，人への愛が第五戒から第十戒までの教えである．イエスはこの二つの愛を「最も重要な掟」だという．

根本の原理としての十戒

十戒は規定（rule）を集めた戒めではなく，一種の「原理」である．それは十戒が神に対する態度と人間に対する態度を教えるからである．この態度，つまり「神への畏敬の念」と「人間に対する敬意」は不変的なものである．十戒は否定形の命令が特徴である．第四戒と第五戒を除けば，その他はすべて否定形である．なぜ否定形なのか？　それは出エジプト記を読めばわかるが，イスラエルが奴隷の状態から解放されたいわば秩序のない烏合の衆だったからである．そこで共同体を作るため一つの戒律が必要となった．その意味で十戒は自己規制のための戒めであり，自己連鎖の原理であるといえよう．十戒はできあがった倫理でなく，根本の原理，また初歩の原理である．

第Ⅱ部　旧約聖書から学ぶ

第5章　神と人間の物語

第1節　あなたはどこにいるのか？——創造の物語と人間の誘惑

　創世記1章と2章は創造の物語である．1章は世界の起源についてである．神は六日で世界の創造を完成し，七日めには休むのである．2章には主に人間の起源について書いてある．神の世界創造のクライマックスは人間の創造である．六日めに神の似姿（imago Dei）で創造される人間は，神が造った世界を管理する者とされる．神は最初の人間であるアダムから抜き取ったあばら骨を用いて女性を造る．こうして男と女は夫婦として結ばれる．結婚は神が定めた秩序である．創造の物語によれば，神が造ったエデンの園には「命の木」（tree of life）と「善と悪を知る木」（tree of knowledge of good and evil）が生えていた．「木」というのは，天と地をつなぐ象徴である．「命」は永遠の命をさし，「善と悪」とは宇宙の神秘と秘密を解く知識をさす．その実は知識を意味するため，知識は神に属するものであるといえる．つまり，天地創造の記事が語るのは，人間存在を含め世界は神のものであるということである．

　ところが，創世記3章は蛇の誘惑から始まる．蛇は神が造ったものの中で最も賢いものであった．蛇の誘惑によって最初の人間であるアダムとエバは神が禁じた「善と悪を知る木」の実を食べてしまうのである．その後蛇はアダムとエバの目の前から消えてしまう．誘惑とはすぐに消え去るものである．誘惑に陥りやすい人間の目の前に残るのは誘惑による悲惨な状態である．蛇の誘惑によってアダムとエバの目は開かれ，裸の状態であることを知り，身を隠すため服を作る．人間が人間の手に

アダムとエバ（クラナッハ，1526 年）

よってものを作るということは文明の始まりといえる．と同時に創世記3章は神との約束をアダムとエバが破ったゆえに，人間の裏切りの物語であろう．このように人間の裏切りをキリスト教では「原罪」（original sin）という．

　不思議なことは，神は約束を破った人間を探しに来るのである．神はアダムとエバになぜ，罪を犯したのかと責めたのではなく，**「あなたはどこにいるのか」**（where are you，3章9節）と単純な質問を投げかける．この質問は答えのない質問であり，過去，現在，未来という時制（テンス）のない質問である．正確な場所を問う質問でなければ，時間を問う質問でもない．これは，今後人間が生きる上で常に答えを探し求めるべき質問であり，だれでも，いつでも問い続けられる普遍的問いである．

　罪を犯したアダムとエバはエデンの園から追い出される．しかし，神は人間に皮の衣をつくって着せる．また，人間は労働と出産をとおして，家庭をつくり文明をつくる存在とされる．神への裏切り，これは人間にとっ

ては災いである．しかし，人間はそこから労働することをとおして希望を
つり出すことができる．創世記3章は，人間が大人として成長を遂げて
いく物語である．

☞　課題

・人間が神の似姿（imago Dei）といわれる意味とは何か？
・創世記3章の原罪の物語が現代にも読まれるべき意味とは何か？
　また，「あなたはどこにいるのか」の問いにどう答えるか？

第2節　トラウマの克服──カインとアベル

エデンの園から追い出されたアダムとエバは家庭を築く．二人の間に生ま
れたのが，カインとアベルの兄弟である．カインという名前は「神によって
得た」という意味で，アベルの意味は「空しさ」「息」である．カインは大
地を耕すもの（農民）となり，アベルは羊を飼うもの（遊牧民）となる．あ

カインとアベル
（ティツィアーノ，1570―1576年頃）

るとき，二人は宗教的義務を果たすた
め，労働の成果である神への献げもの
を持ってくる．ところが，神はアベル
の献げものには目を留めたが，カイン
の献げものである農産物には目を留め
なかった．このことがカインにとって
外傷的な出来事になり，持続的に著し
い苦痛を与えたと思われる．ついにカ
インはこの仕打ちに怒り，弟アベルを
野原に誘い出し殺してしまうのである．

神はアベルを殺す前にカインの心の中に思っていることを知り，罪を防ぐために語りかける．「主はカインに言われた．『**どうして怒るのか．どうして顔を伏せるのか．もしお前が正しいのなら，顔を上げられるはずではないか．正しくないなら，罪は戸口で待ち伏せており，お前を求める．お前はそれを支配せねばならない**』」（創世記4章6−7節）．しかし普段から神との関係の中で生きることを拒んだカインには，神の言葉が聞こえなかった．やがて彼は弟を殺す，罪を犯すのである．神は再びカインに語りかける．「**あなたの弟アベルは，どこにいるのか**」（創世記4章9節）と．この問いは，アダムとエバにかけられた問いとやや似ており，同じような響きをもっている．つまり，これは私たちが家族や隣人関係において最も正しい関係づくりに力を尽くしつつ生きているのかとの神の問いである．神の語りかけに対してカインは「私が弟の番人でしょうか」と神に反抗的態度で臨むのである（創世記4章9節）．人間の価値を軽んじるところには神の存在価値が否定されているのである．

　カインがやっと罪を認めたのは，神から審きを告げられたときである（創世記4章10−12節）．「**カインは主に言った．わたしの罪は重すぎて負いきれません．今日，あなたがわたしをこの土地から追放なさり，わたしが御顔から隠されて，地上をさまよい，さすらう者となってしまえば，わたしに出会う者はだれであれ，わたしを殺すでしょう**」（創世記4章13−14節）．自分自身が負うには重過ぎる罪を犯したことを知ったカインは神に赦しと配慮を求めるのである．これは神が罪人の保護者になってほしい，ということである．自分の価値が神から認められたいという切なる願望である．

　罪を犯した人は生きる価値があり，その命をも保護されるべきである．アダムとエバと同じように，神はカインに新たな人生を約束するのである．アダムとエバの場合は「皮の衣」が神の約束のしるしであったが，カインの場合は「保護者となるしるし」であった．罪を犯したものを見捨てるの

ではなく，また生きる価値を否定するのではなく，生きる価値が十分ある者とするのが，神の赦しであり，配慮である．赦しが罪を犯すことをやめるように働きかけられ，いわゆる「トラウマ」から救い出されるのである．赦しをもって次の人生のステージに導くのである．

☞　**課題**

・カインの物語から人間の犯す悪の特徴について述べてみよう．
・カインの末裔の意味について述べてみよう．

第3節　虹による約束──洪水とノアの箱舟

　創世記6章─8章まではノアの箱舟と洪水の物語である．洪水という神の審（さば）きによって神から造られた人間は地上からぬぐい去られるのである．ただし，ノアの家族8人のみが箱舟によって救われ，神は彼の子孫をとおしてあらゆる民族を広げるのである．

　6章は神が世界を洪水で審（さば）く計画とノアに箱舟を造るようにとの命令である．洪水という審（さば）きにおいて最も苦悩しているのは神である．「**主は，地上に人の悪が増し，常に悪いことばかりを心に思い計っているのを御覧になって，地上に人を造ったことを後悔し，心を痛められた．主は言われた．わたしは人を創造したが，これを地上からぬぐい去ろう．人だけでなく，家畜も這うものも空の鳥も．わたしはこれらを造ったことを後悔する**」（創世記6章5─6節）．「**この地は神の前に堕落し，不法に満ちていた．神は地を御覧になった．見よ，それは堕落し，すべて肉なる者はこの地で堕落の道を歩んでいた**」（創世記6章11─12節）．

　神の痛みは洪水による集団の死滅のみではない．それより先行している

ノアの箱舟（ルイーニ，1530 年）

人間集団の堕落である．人間の背きという神なき人類の姿が神の苦痛である．

7章は神から命じられたとおりにノアが箱舟を完成し，生き物と箱舟に入ることである．雨は 40 日間降り続き（創世記 7 章 12 節），地の面には水が増え高い山が覆われる（創世記 7 章 20 節）．しかも山頂から測って 15 アンマの高さまで達するのである（創世記 7 章 20 節）．1 アンマは 44cm だから，およそ 7m くらいであることがわかる．地面に増えた水は雨が止んでからも 150 日間地面を覆っていた（創世記 7 章 24 節）．地の面にいたすべての生き物は水によってぬぐい去られたのである（創世記 7 章 23 節）．このような洪水の物語の背後にはチグリス川とユーフラテス川で生じた大洪水の記憶が反映されていると考えられる．古代メソポタミアの神話にも聖書の物語とやや似たような洪水の物語が残されている．

8章は洪水が終わりノアと家族が箱舟より外へ出ることである．「**神はノアに仰せになった．さあ，あなたもあなたの妻も，息子も嫁も，皆一緒に箱舟から出なさい．すべて肉なるもののうちからあなたのもとに来たすべての動物，鳥も家畜も地を這うものも一緒に連れ出し，地に群がり，地上で子を産み，増えるようにしなさい．そこで，ノアは息子や妻や嫁と共に外へ出た．獣，這うもの，鳥，地に群がるもの，それぞれすべて箱舟から出た**」（創世記 8 章 15—19 節）．ノアは神のために祭壇を築き，神に感謝

の献げ物を行う．これは神へのノアの敬意と献身のしるしである．神はノアに次のように告げる．「**人に対して大地を呪うことは二度とすまい．人が心に思うことは，幼いときから悪いのだ．わたしは，この度したように生き物をことごとく打つことは，二度とすまい**」（創世記 8 章 21 節）．これは神がノアと交わした契約である．神は契約のしるしとして雲の中に「虹」を置くのである．こういう意味で，この契約を「ノアの契約」といい，また「虹の契約」ともいう．

神は二度と世界を呪うことはしまいとノアと約束した．これはとても重要である．つまり，今後この世界が何かのことによって――たとえば，原子力発電所の問題，核兵器など――環境が破壊され人間の歴史が終わりを迎えることがあっても，それは神の意思ではなく人間の責任であるということを意味するからであろう．人間は神から世界を保全するように管理者として任命されたのである（創世記 1 章 29―30 節）．人間が責任を忘却し，また世界の主人としてふるまうとき，宇宙まで含む自然に終わりを招くのである．

課題

・虹の契約における人間に託された責任とは何か？

・神がノアと交わした虹の契約は人間のみならず自然との契約でもある．

　なぜそう言えるだろうか，その理由について考えてみよう．

第 4 節　現代文明への見方――バベルの塔

創世記 11 章には人間の罪の物語である「バベルの塔」の物語が出てくる．その罪とは，人間自身が人間の限界を知らず，神になろうとする高慢であ

バベルの塔（ブリューゲル，1563 年）

る．それはまた，神が定めた秩序に逆らう試みである．「バベル」とは古
代メソポタミアにおいて栄えた「バビロン」をさす．

　バビロンに住み着いた人々の試みは「有名になろうとする欲望，つまり
名を残したいという願望」である．そのため新しい都市建設を試みるので
ある．彼らは，レンガを作り，それをよく焼こう，と話し合って，レンガ
とアスファルトを用いて，天まで届く塔，町を建てようとしたのである（創
世記 11 章 3—4 節）．人間が有名になりたいという願望は，神と等しい存
在となることである．

　「天」とは，見える空，または宇宙ではなく，神の世界のことである．「塔」
とは古代メソポタミアで建造されているジグラットという建造物を想定し
ている．この建造物はエジプトのピラミッドと匹敵する巨大建造物であり，
そこでは宗教的な儀式と天文観測などが行われたと考えられる．紀元前 6
世紀にイスラエルはバビロン帝国に捕囚された不幸な歴史があるが，イス
ラエルの民はこのときジグラット建設に動員されたのである．

　こうした人間の欲望は人間の力の限界を過大評価するように働き，錯覚
と妄想の世界へと導くのである．たとえば，レンガを作る技術を発見した．
家を建てることができる．アスファルトを生産できる技術を発見した．もっ
と丈夫な建物を建てることできる．現代的にいえば科学技術である．だか
ら天まで届く塔を建てることができると思い込んだのである．つまり，科

学技術があり，それを結集させ，さらに人間が団結して同じ場所にいれば，人間の世界は栄え，強くなれるという妄想である．

　しかし，人間は天までの距離を測ることはできない．まさに目に見える青い空が近くにあると錯覚したのである．神の存在を無視し，神になろうとする人間は罪を犯すのである．罪は人間を欲望へと導き，それに捉えられると人間は「自己中心的な世界観」に囲まれてしまい，それに基づいて世界のことを解釈していくのである．

　ところが，「バベルの塔」の建設は中止される．それは人間自らが中止したのではなく，神の働きによる中止である．技術を信じこみ，暴走してしまう愚かな人間に対して神は，人間を救うために働く．また，技術オールマイティーという信仰に捕らわれると人間は自らの行為を客観的に眺める視野が狭くなり，止める力がなくなるのである．神は塔のある町をみて，言葉を混乱させるのである（創世記11章7節）．神は，彼らをシナルの平野から全地域に散らされたのである．彼らを散らされたことは，神が彼らの営みに対する恐ろしさを覚えたからではない．彼らが同じ言葉で話していたからでもない．彼らが散らされたことは，神が彼らを憎むからでもない．神は言葉を混乱させることをとおして，人間が神に対して「これ以上，罪を犯さないように」したのである．技術オールマイティー（科学技術信仰）が必ず人間を幸福へと導くのではない．むしろ，人間の限界を認めつつ，科学技術を謙虚に用いるとき幸福へと導かれるのである．

☞　課題
・ノアの箱舟の物語とバベルの塔の物語が語る聖書の科学技術についての考えを比較してみよう．

・人間世界を豊かにするための必要な最も理想的な科学技術（観）とは何か？

第6章　族長の物語

第1節　試練と摂理——アブラハムとイサクの奉献

　アブラハムはユダヤ教とキリスト教において「信仰の父」とよばれている．これはアブラハムがその生涯において徹底して神に従順し，その信頼を示すことによってすべての信仰者の模範とみなされていることである．アブラハムは生涯が最も理想的だったのである．

　アブラハムは神による召命を受け，生まれ故郷を離れパレスチナに旅立つ（創世記12章1—9節）．「**主はアブラムに言われた．あなたは生まれ故郷，父の家を離れて，わたしが示す地に行きなさい．わたしはあなたを大いなる国民にし，あなたを祝福し，あなたの名を高める祝福の源となるように．あなたを祝福する人をわたしは祝福し，あなたを呪う者をわたしは呪う．地上の氏族はすべてあなたによって祝福に入る**」（創世記12章1—3節）．アブラハムの旅は神への信頼の表れであり，神から与えられた使命を果た

すことである．神はアブラハムの子孫を大いなる国民とし，全人類の祝福の源とすると約束する．アブラハムの人生のみならず，子孫に対してもつねに神がかかわるとのことである．

　しかし，アブラハムがパレスチナに旅立つときにはまだ子どもがいなかった．彼がパレスチナに定着して15年後の100歳のとき，息子のイサクが生まれ

アブラハムとイサク
（ベラム写本，13世紀）

る（創世記 21 章）．イサクという名前の意味は「笑い」である．それはイサクが生まれるとの神の約束を聞いたアブラハムの妻サラが神を疑い笑ったからである（創世記 17 章 15—17 節）．そしてイサクが生まれておおよそ 15, 6 年が過ぎたとき，神は独り息子を焼き尽くす献げものとして神にささげることを命ずる．アブラハムは神を信じ神の声に聞き従い，イサクを縛り祭壇の上に載せ，刃物をとって息子の命を奪おうとした．その瞬間，神はアブラハムに呼びかける．自分の独り子である息子すら神に惜しまずささげようとしたアブラハムの信仰がまことであることを神は認めた．アブラハムは神によって備えられた雄羊をイサクにかわり神への献げものとした（創世記 22 章 1—19 節）．

　この物語を「イサクの奉献」という．愛する息子を献げることは父であるアブラハムにとって耐え難い試練である．しかし，神はすでにイサクの代わりに羊を備えていた．アブラハムは神の備えを信じていた．このことをアブラハムとイサクの会話で確認できる．**「イサクは父アブラハムに，わたしのお父さんと呼びかけた．彼が，ここにいる．わたしの子よと答えると，イサクは言った．火と薪はここにありますが，焼き尽くす献げ物にする小羊はどこにいるのですか．アブラハムは答えた．わたしの子よ，焼き尽くす献げ物の小羊はきっと神が備えてくださる．二人は一緒に歩いて行った」**（創世記 22 章 7—8 節）．このように人間が試練を克服するたの神の備えを「摂理」（providence）という．アブラハムの信仰は神の摂理への信仰である．神の摂理によって神への約束を信じる人は試練に立ち向かい，苦しみや悲しみ，不条理を乗り越えることができるのである．

☞　課題
・レンブラントとシャガール作のイサクの奉献の絵画を観て，感想を述べてみよう．

第2節 劣等感からの解放 ── ヤコブ

ヤコブはイサクの息子である．イサクには二人の息子がいたが，長男がエサウで，ヤコブは次男である．この二人は双子の兄弟である．しかし，生まれるときから二人は仲が悪かった（創世記25章19─26節）．次男で生まれたヤコブは長子の権利を求め，兄エサウからパンとレンズ豆の煮もので譲ってもらうのである（創世記25章27─34節）．その後ヤコブはイサクに最期が迫ると遺産相続の権利を奪い取るための行動にでる．それは視力の衰えた父親にエサウのふりをして近づき相続を認める約束を得るためである（創世記27章1─29節）．

ずる賢い方法によって権利を奪ったヤコブはエサウの復讐から逃れるため旅立つ．ヤコブは野宿先で一晩を過ごすが，そこで彼は不思議な夢をみる．その夢にあらわれた神はヤコブを決して見捨てないとの約束を交わす．ヤコブが神に出会った場所を「ベテル」（神の家の意味）とよぶ（創世記28章10─22節）．神に出会ったヤコブはベテルで神を礼拝し，神への誓いを立てて旅を続ける．暗い人生のトンネルの中に置かれたときヤコブは神と出会う経験をするのである．

ヤコブは叔父ラバンの家にたどり着く．そこで彼はレアとラケルの二人の妻を迎えるため14年間働く．さらにヤコブはレアとラケルの召使いのビルハとシルバを迎え，十二人の息子と一人の娘の父となる（創世記29章14節─30章24節）．この息子たちが後に，イスラエルの十二部族の祖となる．さらにヤコブは神の恵みによって叔父の家

天使とヤコブの闘い
レンブラント，1659年

で豊かな財産を持つようになる．そのことによって叔父との葛藤が生じたため，多くの財産を携えて故郷に向かって旅立つ（創世記31章1－54節）．

　旅を続けたヤコブはヤボクの渡しのところに来ると，エサウとの再会のため周到な準備をする．ヤコブは家族と家畜を先に進ませ独りで夜を過ごすが，そこで再び神と出会うのである．**「ヤコブは独り後に残った．そのとき，何者かが夜明けまでヤコブと格闘した．ところが，その人はヤコブに勝てないとみて，ヤコブの腿の関節を打ったので，格闘をしているうちに腿の関節がはずれた．もう去らせてくれ．夜が明けてしまうからとその人は言ったが，ヤコブは答えた．いいえ，祝福してくださるまでは離しません．お前の名は何というのかとその人が尋ね，ヤコブですと答えると，その人は言った．お前の名はもうヤコブではなく，これからはイスラエルと呼ばれる．お前は神と人と闘って勝ったからだ．」**（創世記32章25－29節）．ヤコブは名前も知らない相手と格闘をしたが，それは不安に包まれていた人間の切なる思いであり祈りである．この格闘によってヤコブには「イスラエル」（神に闘って勝つ）という新たな名前が与えられた．これによってアブラハムと同じようにヤコブの人生は神を信頼する人生へと変わる．

☞　課題

・ヤコブの人生を「私的人生」と「公的人生」とに分けられる．その理由とは何か？
・神との出会いという経験がなぜ人生において必要なのか？

第3節　夢に生きるということ──ヨセフ

　ヨセフはヤコブの11番めの息子である．彼の物語は創世記37章─50章に小説風の文学的構想で書いてある．ヨセフは「夢に生きる人」であっ

た．ヨセフは父ヤコブより特別な愛情を受けていたが，それが兄弟たちから憎まれる原因となる（創世記37章1―4節）．

　ヨセフが17歳のとき，彼は夢を見る．それはヨセフの束に兄たちの束がひれ伏すとのことであった．また，ヨセフは夢を見たが，太陽と月，11の星がヨセフにひれ伏すことであった．これでヨセフは兄弟からさらにねたまれ，エジプトに売られるのである（創世記37章12―36節）．エジプトに奴隷として売られたヨセフは，勤勉な人であったためファラオの長官の家の管理人になる．しかし，ヨセフは長官の夫人の嫉妬によって監獄に入るが，そこでも彼は看守長になる．

　ヨセフはこのように苦難の日々を過ごしていたが，監獄で出会った宮廷人の夢を解くことによってついにはファラオの夢を解くようになる．ヨセフが解いたファラオの夢は，神の啓示であってエジプトで今後起こる豊作と飢饉のことである．ファラオはヨセフを宮廷の責任者とする．飢饉のときにエジプトを救う（創世記41章1―57節）．

　さて，7年間続いた飢饉はヤコブと息子たちが住んでいたパレスチナにも襲った．ヨセフの兄たちは穀物を求めてエジプトに下る．そこでヨセフと兄たちは再会をする（創世記42章―43章）．ヤコブと息子たちはエジプトに旅立つ．これは神の計画である．「**イスラエルは，一家を挙げて旅立った．そして，ベエル・シェバに着くと，父イサクの神にいけにえをささげた．その夜，幻の中で神がイスラエルに，ヤコブ，ヤコブと呼びかけた．彼が，はいと答えると，神は言われた．わたしは神，あなたの父の神である．エジプトへ下ることを恐れてはならない．わたしはあなたをそこで大いなる国民にする．わたしがあなたと共にエジプトへ下り，わたしがあなたを必ず連れ戻す．ヨセフがあなたのまぶたを閉じてくれるであろう**」（創世記46章1―4節）．こうしてヤコブとヨセフは再会を果たすのである．

　ヨセフは異郷の地で奴隷として，また囚人として生きることを強いられた．しかし，ヨセフは若いときの夢を忘れずそれが必ず実現することを信

じつつ懸命に生きた．それがヨセフの信仰であった．その苦労によって王に次ぐ位までのぼりつめる．ところが，ヨセフは家族との再会を果たすと兄弟たちの過去の過ちをすべて赦すという和解の道を歩むのである．まことの夢は，人生を愛するように導き，その愛はどんなときにでも最善を尽くすよう働くのである．

☞　課題

・創世記 37 章から 50 章までを読み，ヨセフの物語が現代人に語りかけるさらなるメッセージについて考えてみよう．
・ヨセフの夢の実現と自分が考える夢の実現について比較してみよう．

ファラオの執事とパン屋の夢を解くヨセフ
（パオロ・ジローラモ・ピオラ，16 世紀頃）

第7章　イスラエルの歴史から

第1節　解放とは何か？──出エジプト

　旧約聖書の二番めの書物である『出エジプト記』はイスラエルがエジプトから解放される出来事（exodus）を伝えている．時代的背景はヤコブがエジプトに移住しておよそ400年後であり，当時のエジプトはヨセフのことを知らない第19王朝ラメセス2世（BC1290─1244年在位）が統治していたといわれている．ラメセス2世はナイル川三角州のゴシェンの地で平和な遊牧生活をしていたイスラエルの繁栄をエジプトの危険であるとみて，彼らを奴隷化し強制労働をとおして民族の弱体化を試みた．さらにファラオはイスラエル人に生まれる男の子を殺害する命令を出す．このような時代に生まれたのがモーセである．モーセはナイル川に捨てられるがエジプトの王女によって救われ，その養子として育てられるのである（出エジプト記1章）．

　成人したモーセはエジプト人がイスラエル人を残酷にしていることを見て殺してしまう．それが原因でモーセはミディアン族の地に逃亡する．そこはアカバ湾の東川の地である．約40年間ともいわれる逃亡生活の中でモーセは神と出会う人生

出エジプトの道

マナ（アントン・コーベルガー，1483 年）

の転機を迎える．そしてモーセは神からエジプトで苦しむ同族の救済とい
う使命を受ける．神はモーセに「わたしはある」という神の名前を明かす．
これはすべての存在の根源であるということ，またイスラエルの歴史を導
く存在であるという意味である（出エジプト記 3 章）．

　神から召命を受けたモーセはエジプトに下り，ファラオと交渉する．と
ころが，ファラオは応じなかったため，神は「十の災い」をエジプト全土
にくだす．ファラオがイスラエルを解放したのは「初子の死」がエジプト
の全土に及んだときであった（出エジプト記 5 章―12 章）．イスラエルは
ラメセスから出発して葦の海にたどり着く．神は強い風を吹かせ海の中に
乾いたところをイスラエルが渡れるようにした．イスラエルの後を追って
来たエジプトの戦車は海の中に水没した．これを「葦の海の奇跡」という．
この出来事はイスラエルの信仰の原型となり，忘れられない救いの体験と
なる（出エジプト記 14 章―15 章）．

　エジプトから解放されたイスラエルは荒れ野に進むが，神は彼らを「マ
ナ」と「鶉」で養う．荒れ野での旅は約 40 年間続くが，最も重要な出来
事はシナイ山で「十戒」が与えられたことである．この十戒は，出エジプ
ト記 20 章 1―17 節と申命記 5 章 6―21 節に記されている．これを「シ
ナイ契約」と言い，これによってイスラエルは契約の民になる．十戒は信
仰倫理と社会倫理の原型，つまり「律法」の基本線になる．戒めを守るの

は神が彼らを奴隷の家から導き出したという神の解放への応答である（出エジプト記20章）.

　奴隷とは人間が自己中心的欲望にとらわれる状態である．しかし，十戒は神と人間をないがしろにすることを拒否するのである．人間は絶対者の前に立たされていることを自覚するとき，他者と共に生きることを自覚させられ，他者の尊厳を擁護するところへと導かれるのである．こうした十戒が荒れ野で与えられたのは意味深いことである．荒れ野は人間の住む場所ではない．そこは人間の限界が露わになる場所である．しかし，イスラエルはそこで神と出会い，契約を結ぶという「出会いと変革の場所」であった．この変革がこれ以上は奴隷ではなく，自由に神の民として生きることである．契約を守ることによってイスラエルはまことの解放と自由を味わうのである．

☞　課題

・十戒の精神が教えるまことの解放とは何か？

・使命と召命が，いわゆる「ジョブ」（job）と「ワーク」（work）と異なる理由とは何か？

第2節　女性という生き方──ルツ

　旧約聖書の時代は男性中心的な「家父長社会」である．旧約聖書を読んでみると男性の物語が多い．しかし，女性の存在と活躍を記している箇所がいくつかあるが，その中できわめて特徴のある書物が『ルツ記』である．『ルツ記』の背景は士師の統治時代といわれているが（ルツ記1章1節），書かれた時代は紀元前400年前後ではないかと推定されている．『ルツ記』

が書かれた時代には，イスラエルが捕囚から帰還されたときであり，排他的民族主義が強かったときである．

　ユダヤのベツレヘムに住んでいたエリメレクとその妻ナオミが飢饉から逃れるためモアブに移住するところから『ルツ記』の物語は始まる．ナオミには二人の息子がいたが，モアブの女性と結婚する．その次男の嫁がルツである．しかし，モアブでナオミの夫と二人の息子が死んでしまう．ナオミは二人の嫁と別れて一人でベツレヘムに戻ることを決心する．ルツはしかし，ナオミと一緒に風習や文化の違うベツレヘムに移住する．ルツは

落穂拾い（ミレー，1857年）

貧しい生活のため麦畑に行き，落ち穂を拾いながらしゅうとめのナオミに仕える（ルツ記2章）．

　このようなときにルツはナオミの親戚であるボアズと出会う．ボアズは独身でしかも裕福な人である．彼はまた没落したナオミの家を再興する責任のある人でもあった．二人はナオミの努力によって結婚する．ボアズはナオミの家を買い戻すという責任を果たす．その家は栄え，ボアズから三代めの後にダビデが生まれる．このことによって新約聖書『マタイによる福音書』1章1-17節にはイエスの系図が記されているが，ルツはその系図に出てくる5人の女性の一人となる．いわば異邦人の女性の名前がイ

スラエルの系図に出てくることは驚きである.

　ユダヤ人はアブラハムとダビデの子孫であることが民族の誇りである. その民族の誇りとは単なる血のつながりという血統主義に基づくものであるが, ルツ記はその排他主義を批判するのである. つまり, 無名の外国人の女性がイスラエルの名君ダビデの曾祖母であるということを強調しようとするのである（ルツ記4章18—22節）. また, ボアズは貧しい外国人のやもめに穂を抜き落とし, それを拾わせるよう配慮をみせる（ルツ記2章）. これが旧約聖書『申命記』が規定している律法の精神である. **「あなたはエジプトで奴隷であったが, あなたの神, 主が救い出してくださったことを思い起こしなさい. わたしはそれゆえ, あなたにこのことを行うように命じるのである. 畑で穀物を刈り入れるとき, 一束畑に忘れても, 取りに戻ってはならない. それは寄留者, 孤児, 寡婦のものとしなさい. こうしてあなたの手の業すべてについて, あなたの神, 主はあなたを祝福される」**（申命記24章19—20節）.

　☞　**課題**

・ルツ記を読んで, 律法の精神である愛と公正が人間社会において必要な理由とは何かを考えてみよう.

・ルツ記が伝える「女性の生き方」と「仕えること」の意味を深めてみよう.

第3節　人間の弱さを背負うということ——ダビデとソロモン

　エジプトからモーセの導きのもと解放されたイスラエルを率いたのはヨシュアである. ヨシュア記によると, イスラエルはヨルダン川を渡り, 戦いを続けながらカナン南北に広がっていった. おおよそ紀元前1250年頃

と推定している．このときイスラエルを一つの民族として団結させたのは「ヤーウェ信仰」であった（ヨシュア記24章）．これは神がイスラエルを治めるといういわゆる「ヤーウェ王権」ともいえる．こうした信仰と思想によって紀元前1200年から約200年間は「士師」（裁判官，救済者の意味）の指導によって周辺の部族との葛藤を処理していた．デボラ，ギデオン，サムソンなどが代表的な士師である（士師記3−16章）．

　しかし，イスラエルは周辺の部族と同じように王の支配を求めた．そこで最初に選ばれた王がサウルである（サムエル記上10章−11章）．こうしてイスラエルの430年間にわたる王朝時代の歴史が始まる．イスラエルの王政の歴史に関しては，『サムエル記』（上，下），『列王記』（上，下），『歴代誌』（上，下）の中に描かれている．紀元前1020年頃に即位したサウルは軍事的な組織を強化し，イスラエルを苦しめていたペルシテ部族を一掃するなど民衆の期待に応える功績を残す．しかし，彼は神の意思に反し悲惨な最期を迎える．

　サウルに代わりイスラエルの2代めの王になったのはダビデである．彼はベツレヘムの羊飼いの末子として生まれ，竪琴を奏でる美少年であったため，サウル王に仕えた．彼の非凡な才能に嫉妬を燃やしたサウル王によって苦しめられたが，ダビデは紀元前1000年頃に統一イスラエルの王座に就く．ダビデの最大の功績は，エルサレムを占領して王国の首都としたことである．またダビデは「契約の箱」（神の箱ともよばれる）をエルサレムに置く．まさにエルサレムは宗教的にも政治的にもイスラエルの中心地となったのであり，ダビデの王権を象徴する意味で「ダビデの町」とも名付けられるのである（サムエル記下5章−6章）．

　こうしてダビデはイスラエル王の理想像とされ，救世主（メシア）の模型となる．しかし彼の人生の後半においては家庭内の対立や王位の継承をめぐる反乱などさまざまな問題に悩まされる．その一つがバト・シェバを妻として迎えたことである．バト・シェバには夫ウ

竪琴でいやすダビデ
（レンブラント，1630年）

リヤがいたが，ダビデは彼女の美しさにひかれ，宮廷に召し入れて
妊娠させるのである．ダビデは自分の部下であるウリヤを戦死させ
る．これを聞いた預言者ナタンは神から遣わされダビデの行為を非
難する．ダビデは悔い改めるが，神の怒りによってバト・シェバと
の間に生まれた最初の子は7日で死ぬ（サムエル記下11章－12章）．

　ダビデの死後，その跡を継いだのがバト・シェバから生まれたソロモン
である．彼が即位したのは紀元前961年頃のことである．ソロモンは権
力闘争に勝ち，イスラエルの3代めの王になった（列王記上2章）．ダビ
デは文学的・芸術的な才能の豊かな人であったが，ソロモンは知恵に富む
王として知られている．彼はイスラエルの内外から賢者とよばれる（列王
記上10章）．それは神から与えられた賜物であったが，ソロモンが王とし
て善悪を判断できるよう神に求めたことに起因すると伝えられている（列
王記上3章）．

　ソロモンは諸外国と平和条約を締結し，通商貿易の推進によって政治的・

経済的な繁栄をイスラエルにもたらした．ソロモンの最大の功績は莫大な財力と労働力を増やし，紀元前957年頃にエルサレム神殿を着工し7年後に完成させたこと，また13年後には宮殿を建築したことである．ソロモンが完成させた神殿を「ソロモン神殿」また「第一神殿」という（列王記上6章－9章）．ところが，ソロモンの土木工事は国民に過剰な負担になり，反感を買う原因となる．また，諸外国との交流によって他国の異教を輸入し「ヤーウェ信仰」をおろそかにしてしまった．こうしたことによってソロモンの死後の紀元前922年頃，イスラエル王国は分裂してしまう（列王記上11章－12章）．分裂した王国は，北はイスラエル王国，南はユダ王国となった．北イスラエル王国は200年間続き，紀元前721年にアッシリアによって滅亡する（列王記下17章）．南ユダ王国は335年間続き，紀元前587年にバビロニアによって崩壊される（列王記下25章）．

☞　**課題**

・サウル，ダビデ，ソロモンの生涯が問いかける人間の弱さとは何か？

・詩編23編を読み，ダビデの信仰の思想について述べてみよう．

・列王記上3章16－28節を読み，ソロモンの知恵について述べてみよう．

第4節　普遍性とは何か？──ヨナ

『ヨナ書』は十二小預言書の一つと分類されている．それはこの書物が紀元前8世紀に実在した預言者「アミタイの子ヨナ」を主人公としているからである（列王記下14章25節）．預言者としてヨナは北イスラエルで活躍しており，北イスラエルは最も繁栄していたヤロブアム2世（紀元前786－746年在位）の統治の時代であった．実際『ヨナ書』は紀元前

621年頃に滅亡したアッシリアの首都ニネベを舞台としている作者不明の短編小説のような文学作品である．『ヨナ書』が書かれたのは紀元前400年から300年頃と考えられている．

　神はヨナに向かって罪を重ねていたアッシリアのニネベに行き，神が滅ぼすと預言するよう命じる．しかし，ヨナは神の命令を拒み，ニネベとは正反対のタルシシュ（現在のスペイン？）に逃げだすため，船に乗る．ヨナが神の命令を拒んだのは，アッシリアがイスラエルの敵対国であったからである．ヨナは，アッシリアは神の赦しを受ける資格のない国だと思い込んだのである．いわゆるヨナの民族主義的信仰が働いたと言えよう．神は風を送り，海を荒れさせる．嵐の原因がヨナであることを明かしたため，ヨナは船から海に投げ出される（ヨナ書1章）．

　ヨナは神が差し向けた巨大な魚に飲み込まれ，3日3晩を魚の腹で過ごす．そこでヨナは罪を悔い改め，陸地に吐き出される（ヨナ書2章）．ヨナは神の命令に従いニネベに赴き，40日後には町が滅びることを伝える．ニネベの人々はヨナの預言を聞いて罪を悔い改める．「**すると，ニネベの人々は神を信じ，断食を呼びかけ，身分の高い者も低い者も身に粗布をまとった．このことがニネベの王に伝えられると，王は王座から立ち上がって王衣を脱ぎ捨て，粗布をまとって灰の上に座し，王と大臣たちの名によって布告を出し，ニネベに断食を命じた**」（ヨナ書3章5-7節）．神はニネベの悔い改めをみて災いを下すことを止める．

　ところがヨナは自分の預言とは異なり，ニネベの人々が神から救われるのをみて暑さの中で神につぶやく．神はおおきな「とうごま」を生えさせ日陰をつくり，ヨナを守ってあげる．しかし，翌日になると「とうごま」は枯れてしまった．ヨナは神に不平をつぶやく．神は「**お前〔ヨナ〕は，自分で労することも育てることもなく，一夜にして生じ，一夜にして滅びたこのとうごまの木さえ惜しんでいる．それならば，どうしてわたしが，この大いなる都ニネベを惜しまずにいられるだろうか．そこには，十二万**

人以上の右も左もわきまえぬ人間と，無数の家畜がいるのだから」とヨナに言い聞かせる（ヨナ書4章11—12節）.

　ヨナ書の最後は神からの問いかけである．そこにはヨナの答えはない．いわば「開かれた終わり方」である．それはヨナ書を読む人々が答えるべき問いである．ここに描写されている神のイメージは全人類を愛し，救おうとする神であり，人類の歴史は神の大きなみこころの中に置かれていることである．これが神のあわれみであり，それは敵国さえも悔い改めと救いへと導くことである．神の救いから除外されている民族はないという開かれた考えである．

☞　**課題**

・なぜ，ヨナ書を現代人が読むべきなのか，その理由について考えてみよう.
・ヨナの弱いところ，また欠けたところとはすべての人間に共通するところであろう．どうしてそのように言えるだろうか？

第Ⅲ部　新約聖書から学ぶ

第8章 イエス・キリストの生涯と教え

第1節 偉大な問い──イエスは誰なのか？

イエス・キリストという名前の意味　「イエス」とはギリシア語の名称で，ヘブライ語では「ヨシュア」という．意味は「神は救い」である（マタイによる福音書1章18−21節）．「キリスト」というのは，一つの称号で，ヘブライ語では「メシア，Messiah」で「油注がれた者」「救い主」の意味である（マタイによる福音書16章13−20節）．いわば肩書（title）のようなものである．

　旧約聖書でメシアとは，特別な目的のために神が選ばれたり，立てられたりした個人をさす（レビ記4章3節，サムエル記上10章1節）．イスラエルにはメシアについての共通の認識があった．すなわち「ダビデ王のように，イスラエルの歴史に新しい時代を開くだろう」と．これを待望のメシア観だという．

　イエス・キリストの英語表記は「Jesus Christ」である．実は「Jesus the Christ」と表記したほうが正しい．新約聖書ではイエスによってメシアの時代が到来したという（マルコによる福音書1章1節）．神の救いの時代がイエスによって始まったという．つまり，イエスが新しい時代の幕を開いたのである．

新約聖書におけるイエス　新約聖書はまず，イエスを見えない神の姿という．「御子は，見えない神の姿であり，すべてのものが造られる前に生まれた方です」（コロサイの信徒への手紙1章

15節).「御子」とは「神の子」という意味でイエス・キリストをさす.「姿」はギリシア語で eikon というが, それは「像」あるいは「像が表す実在」という意味である. 英訳すれば likeness (写真) という意味である. eikon とは貨幣の中に刻まれている皇帝の顔をさす. この「見えない神の姿」を「**神の本質の完全な現れ**」ともいう（ヘブライ人への手紙 1 章 3 節).「完全な現れ」は「硬貨に刻印された像」の意味である.

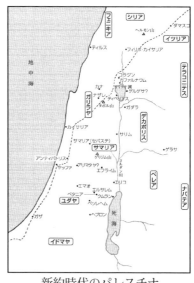

新約時代のパレスチナ

　第二に, イエスは救いの礎 (a foundation stone) である. マタイによる福音書 1 章 21 節には「**マリアは男の子を産む. その子をイエスと名付けなさい. この子は自分の民を罪から救うからである**」とあり, つまりイエスは人間を罪から救うという. これはイエスが人々をそれぞれの罪から救うという意味である. また, 使徒言行録 4 章 12 節によれば「**イエスの名においてのみ救いはある**」という. つまりイエスは救いの創始者である（ヘブライ人への手紙 2 章 10 節).

　最後に, イエスは人生のモデルである. イエスは正しく生きる最もよい行動様式を示したのである. 伝道者パウロはエフェソの信徒への手紙 5 章 1 節において「**神に倣う者となりなさい**」と勧めるのである. たとえば, 人を愛すること, また人を大切にすることは, 差別をしないことである. イエスはすべての人々と友であった. それはイエスがすべての人を大切にしたことである. イエスは娼婦, ホームレス, ハンセン病たちの友であった. 友になれる人を自分が選ぶのではなく, 自分を必要とする人の友になってあげることがイエスに倣うことである.

第2節　クリスマスの物語から公生涯へ

イエスの誕生についての聖書の証言の意味　イエスの誕生についての物語はマタイによる福音書とルカによる福音書が書き記している．そこには福音書の著者が強調したい思想的な目的がある．

　まず，マタイによる福音書によればイエスはユダヤのベツレヘムで生まれる．東方の占星術の学者たちはベツレヘムを訪れ，幼子イエスを拝み，宝の箱から黄金，乳香，没薬を贈り物として献げる．ここでは「ベツレヘム」という「場所」をはっきりと指定している．これは旧約聖書の預言の成就を意味する（ミカ書5章1節）．イエスはダビデの子孫として旧約の預言を成就するメシアであるということである（マタイによる福音書2章1－12節）．さらに約束の成就者としてのイエスのことをマタイによる福音書はクリスマス以後の出来事をとおして強調する．イエスの降誕を恐れていたヘロデ王はベツレヘムとその周辺の嬰児を虐殺する．イエスの家族はエ

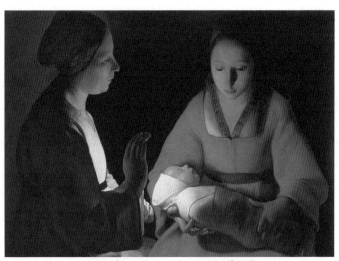

聖誕（ラ・トゥール，1650年頃）

ジプトに逃亡する（マタイによる福音書2章13—18節）．いわばイエスは生まれた時から難民生活をしたのである．その後，イエスの家族はエジプトから帰国し，ガリラヤのナザレに引きこもるのである（マタイによる福音書2章19—23節）．これらの出来事についてマタイによる福音書の著者は「預言者を通して言われていたことが実現するためである」という．マタイによる福音書はイエスを旧約聖書の完成者として描いているのである．

　次に，ルカによる福音書によれば，ユダヤのベツレヘムで生まれたイエスは飼い葉桶に寝かせられる（ルカによる福音書2章8—20節）．そしてそのイエスを最初に探し当てたのは野原で羊の群れの番をしていた羊飼いたちであった．彼らは天使のお告げを聞いてベツレヘムに行ったのである．ルカの降誕物語において重要な点の一つは，イエスがローマ帝国の圧政のもとで生まれたことである．真の救済者は，税金を課せるために人口調査を命じるアウグストゥスではなく，泊まる場所がなく馬小屋で生まれたイエスである，ということである．

　もう一つの重要なことは，救い主の最初の礼拝者である羊飼いたちは，その職業のゆえに宗教上の努めを十分に果たしえず，当時のユダヤ社会において正統的な信仰をもっている者たちから軽蔑されていたことである．羊飼いたちは貧しい民衆の先駆けであった．いわば社会的かつ宗教的に蔑まれた人々のための救世主がイエスであるということである．この羊飼いたちの物語に誘発され一同が驚きを感じるが，それは「イエスの自己認識」という来るべき方への，深いしかも大きな驚きの備えとなる（ルカによる福音書4章18—19節）．

ナザレの大工としてのイエス

イエスは生まれてから8日めにユダヤ教の慣習に従って割礼を受ける．その後イエスの両親はエルサレム神殿で律法の規定に従って聖別される儀式を行う（ルカによる福音書2章21—28節）．ルカによる福音書によればイエ

スの家族はエルサレム神殿で儀式を終えた後，ナザレに帰るのである（ルカによる福音書2章39―40節）．この記事はマタイによる福音書とは異なる．おそらく次のように推測できるだろう．ユダヤ地方のベツレヘムの馬小屋で生まれたイエスは，羊飼いたちと東方の占星術の学者たちが拝んだ．その後，エルサレム神殿で律法による儀式を行い，ヘロデの虐殺のためエジプトに逃げる．そしてイスラエルに帰国してからナザレに定着した．

　イエスはガリラヤのナザレに30歳までナザレの人として暮らす（ルカによる福音書3章23節）．それまでのイエスのことについては12歳のと

神殿にいる12歳のイエス（ホフマン，1884年）

きにエルサレム神殿でユダヤ教学者たちと論争する記録のみである（ルカによる福音書2章41―52節）．この記事はとても興味深い．おそらくイエスはナザレのシナゴーグ（ユダヤ教の会堂）を中心に律法の子として宗教生活を行い，ナザレの学校で普通の発達の過程を経ていたのである．それは識字率が低かった時代においてイエスは文字を書き，読むことができていたからである（ルカによる福音書4章16節，ヨハネによる福音書8章8節）．またイエスはナザレで大工の仕事をしていた（マルコによる福音書6章3節）．「大工」をギリシア語では「tekton」と言うが，意味は単なる大工をさすのではなく，大工以上の能力の持ち主の意味をもつことばである．つまり，イエスは家を建てることもでき，船を造り，テーブルとイスをも作

ることができる．さらには小川の橋をも造ることのできる能力のある，いわば優れた「総合技術者」（匠）であった．

イエスの公的宣教（公生涯）と神の国

福音書によれば，イエスは洗礼者ヨハネが逮捕されたのち，30歳からガリラヤで宣教を始め，エルサレムで死ぬときまで3年間続けたといわれている．それをイエスの公生涯という．イエスがガリラヤで宣教活動を始めた理由には三つのことが考えられる．一つは，イエス自身がガリラヤのナザレで成長したため，最もよく知っている所であることである．イエスはベツレヘムで生まれたが，彼が育てられた所はガリラヤのナザレであったため，ガリラヤはイエスにとって故郷のような所である．第二は，ガリラヤは人口が多い所であるため，短い期間に効果的に多くの人を教えることができること，第三は，ガリラヤは変化を好む地域であったことである．

イエスの宣教活動の中心内容は「神の国」であった．「神の国」を人々に経験させることであった．マルコによる福音書によればイエスは**「時は満ち，神の国は近づいた．悔い改めて福音を信じなさい」**を宣言して宣教活動を始める（マルコによる福音書1章14-15節）．イエスの言う「神の国」とはどういう国なのか．それは，今の国家形態のような国ではない．また，新しい国を建てることもない．「神の国」とは，天の国，父の国，人の子の国，ダビデの国ともいうが，内容は同じである．ギリシア語で「神の国」とは，he bashileia tou theou という．「bashileia」は「国家」の意味より「統治」「支配」を意味する．イエスの言う「神の国」とは，神の支配の性格が強いのである．またイエスは「神の国が近づいた」と言った．それは「神が到来した」の意味である．イエスの出現によって神の国，つまり神の支配が始まったのである．

イエスの言う神の支配とは神の言葉による人間の内面の支配を意味する．このことをイエスは「成長する種の譬え」と「からし種の譬え」をと

おしてはっきりとしている（マルコによる福音書4章26—32節）．この譬え話に出てくる「土地」とは，人の心である．「種」とは「神の教え」である．「からし種」が成長するように，神の教えは人間の内面の世界を豊かにする．神の支配はことばによる支配であり，神のことばは人間を内側から成長させる力があるということである．

イエスの言う「神の国」は信じる人の内面を離れては存在しない国である．言い換えれば自己の内面の探求が神の支配に到達するプロセスである．この内面の探求が「悔い改めること」であり，「福音を信じること」である．神の国は人間の内面の世界を豊かにするものであるため，人生の大切な宝である．このことについてイエスは次のように言う．**「天の国は次のようにたとえられる．畑に宝が隠されている．見つけた人は，そのまま隠しておき，喜びながら帰り，持ち物をすっかり売り払って，その畑を買う．また，天の国は次のようにたとえられる．商人が良い真珠を探している．高価な真珠を一つ見つけると，出かけて行って持ち物をすっかり売り払い，それを買う」**（マタイによる福音書13章44—46節）．イエスの言う神の国とは外面的な宗教生活とは異なる宗教性であり，信仰の形骸化からの離脱である．

イエスの12名の弟子

イエスは効果的な宣教活動のため十二人の弟子たちを選ぶのである．この出来事を伝える福音書から弟子たちを選んだイエスの考えがわかる．まず，マルコによる福音書は**「イエスは山に登って，これと思う人々を呼び寄せられた」**と言う（マルコによる福音書3章13節）．「呼び寄せる」（proskaleithai）とは「招待する」との意味である．次に，ルカによる福音書は**「朝になると弟子たちを呼び集め，その中から十二人を選んで使徒と名付けられた」**と言う（ルカによる福音書6章13節）．「呼び集める」とは「召喚する」との意味である．イエスは弟子たちを招待した．招待とは招待を受ける人が決めることによって成り立つ．イエスは弟子になりたい人の決定を重んじたのである．

最後の晩餐（ダ・ヴィンチ，1495−98 年）

「その中から十二人を選んで使徒と名付けられた」とあるように，イエス
は招待に応じた人々の中から慎重に考えて弟子たちを選び出したのである
（ルカによる福音書 6 章 13 節）.

　イエスから選び出された弟子たちはイエスと行動を共にするのが任務で
ある. それはイエスから学ぶためである. 弟子をギリシア語で mathetes
というが，それは学ぶ人の意味である. 弟子たちの学びはイエスについて
の知識であり，イエスが歩んだ道を歩むことである. イエスは弟子を使徒
と名付ける. 使徒とは「送られた人」の意味である. 弟子たちはイエスの
メッセージを伝える「伝令使，大使」である.

　イエスの弟子たちには漁師の出身が多い. その理由は次のように考えら
れる. 漁師は海の上で生活する. 嵐と向き合う生活の中では神への信仰が
必要である. また海の上で生活するためには勇気が求められる. 生きるこ
とが危機との戦いである. 漁師には忍耐が必要である. 漁がうまくいかな
いときにも耐え忍び，漁を続けなければならないからである. 最後に，漁
師には賢さと判断が求められる. それは，収穫ができる場所と時間，漁の
ための餌を選ぶ賢さである. イエスの弟子は「人間をとる漁師」になるた
めである（マタイによる福音書 4 章 19 節）. イエスが 12 名の弟子を選んだ
ことには重要なキリスト教の精神が秘められている.「12」という数字は

イスラエルの十二部族に対応している．イエスは12名の弟子と「共に働き」，また「共に生きる」ということをとおして新しいイスラエルの形成を試みたのである．

第3節　絶望から希望へ──イエスの受難と復活

イエスの神殿清め　イエスの地上での生涯は十字架と復活で締めくくられる．イエスはエルサレムで逮捕され十字架で処刑される．その1週間をイエスの最後の週という．イエスは最後の週の日曜日にエルサレムに入城し，すぐに「神殿清め」という行動に出る．聖書は次のように伝えている．**「それから，イエスは神殿の境内に入り，そこで売り買いをしていた人々を皆追い出し，両替人の台や鳩を売る者の腰掛けを倒された．そして言われた．「こう書いてある．『わたしの家は，祈りの家と呼ばれるべきである．』ところが，あなたたちはそれを強盗の巣にしている」**（マタイによる福音書21章12─13節）．

イエスの時代の神殿とは第二の神殿をさしている．神殿の境内には異邦人の庭があり，そこでは過ぎ越しの祭りのとき，エルサレムに巡礼する離散しているユダヤ人が奉納する動物が売られていた．また，神殿税を納めるために両替などが行われていた．イエスが批判したのは神殿礼拝ではなく，神殿の祭儀であった（マタイによる福音書17章24─27節）．神殿は「祈りの家」であるはずが，それが人間の商売の道具になってしまったことを批判しているのである．つまり，神殿での祭儀のみが絶対化されてしまうと，本来の礼拝の趣旨を忘れてしまうのである．祭儀が重んじられることは，神という存在を重んじるのではなく，「神殿」という場所が重んじられるのである．これは神殿を崇拝することであり，十戒が禁じる偶像崇拝である．イエスの神殿清めとは，形骸化された礼拝と信仰の精神の回復である．

洗足と最後の晩餐　イエスの「神殿清め」からわかるようにユダヤ教への批判は厳格なものであった．そのためユダヤ教の指導者らはイエスを殺す陰謀をめぐらせていた．そうした中，イエスの12人の弟子の一人であるイスカリオテのユダがイエスを裏切る．なぜユダがイエスを裏切ったのかは不明確であるが，最も身近な人によってイエスは裏切られたのである．

　聖書の証言によればユダは銀貨30枚で祭司長たちにイエスを引き渡す．「そのとき，十二人の一人で，イスカリオテのユダという者が，祭司長たちのところへ行き，「あの男をあなたたちに引き渡せば，幾らくれますか」と言った．そこで，彼らは銀貨三十枚を支払うことにした．そのときから，ユダはイエスを引き渡そうと，良い機会をねらっていた」（マタイによる福音書26章14—16節）．銀貨30枚は当時としては決して高額な金銭ではない．このことからユダは貪欲のためにイエスを裏切ったのではなく，イエスへの抱いた望みが消え去ったことに失望感を覚え，イエスを裏切ったと思われる．イエスは逮捕される木曜日の夜，弟子たちの足を洗

ユダの接吻（ジョット，1305年頃）

う．これはイエスの弟子たちへの愛の表現であった．「さて，過越祭の前のことである．イエスは，この世から父のもとへ移る御自分の時が来たことを悟り，世にいる弟子たちを愛して，この上なく愛し抜かれた．夕食のときであった．既に悪魔は，イスカリオテのシモンの子ユダに，イエスを裏切る考えを抱かせていた．イエスは，父がすべてを御自分の手にゆだねられたこと，また，御自分が神のもとから来て，神のもとに帰ろうとしていることを悟り，食事の席から立ち上がって上着を脱ぎ，手ぬぐいを取って腰にまとわれた．それから，たらいに水をくんで弟子たちの足を洗い，腰にまとった手ぬぐいでふき始められた」（ヨハネによる福音書13章1-4節）．人の足は最も汚いところである．とくにパレスチナでほこりの多いところだから，足はすぐに汚れてしまう．人の最も汚いところを洗うことは，その人に仕えることを意味するのである．イエスの洗足とは仕える精神の極みである．

　さて，イエスは十字架につけられる前に弟子たちと食事をするが，これを「最後の晩餐」という．「一同が食事をしているとき，イエスはパンを取り，賛美の祈りを唱えて，それを裂き，弟子たちに与えながら言われた．『取って食べなさい．これはわたしの体である．』また，杯を取り，感謝の祈りを唱え，彼らに渡して言われた．『皆，この杯から飲みなさい．これは，罪が赦されるように，多くの人のために流されるわたしの血，契約の血である』」（マタイによる福音書26章26-30節）．イエスは自分の死の意味を最後の食事をとおして語ったのである．パンとぶどう酒によって人間の体が養われることと同じく，人間はイエスによって養われるのである．イエスはすべての人の命の源であり，イエスこそが「万人の命のパン」であるということである．教会では最後の食事のことを記念する「聖餐式」を行う．これはイエスによって命が養われること，またイエスと共に世界のすべての人が食事の席につくこと，さらにはイエスと共にする食事においては，差別は全くないということの意味である．

十字架を背負う　イエスはローマの総督ポンティオ・ピラト（在位26－36年）から死刑判決を受け十字架につけられる．「そして，イエスをゴルゴタという所——その意味は『されこうべの場所』——に連れて行った．没薬を混ぜたぶどう酒を飲ませようとしたが，イエスはお受けにならなかった．それから，兵士たちはイエスを十字架につけて，その服を分け合った，だれが何を取るかをくじ引きで決めてから．イエスを十字架につけたのは，午前九時であった．罪状書きには，『ユダヤ人の王』と書いてあった」（マルコによる福音書15章22－26節）．

　イエスの時代の十字架刑は，国家に反する反逆罪の容疑をうけた人を処刑する処刑法であった．十字架刑はローマの属州で起こる反乱を鎮圧するための処刑であった．悪名高い犯罪者の処刑をするとき，十字架につけたのである．イエスはローマ法によって政治犯とされ処刑されたのである．神殿清めからわかるように，イエスはユダヤ教徒と対立していたが，それはローマの平和（Pax Romana）という政治理念に合わなかったのである．ゆえに罪名を「ユダヤ人の王」としたのである．イエスは9時から15時までつけられていた．「昼の十二時になると，全地は暗くなり，それが三時まで続いた．三時にイエスは大声で叫ばれた．「エロイ，エロイ，レマ，サバクタニ．」これは，「わが神，わが神，なぜわたしをお見捨てになったのですか」という意味である……イエスは大声を出して息を引き取られた」（マルコによる福音書15章33－37節）．

十字架を担うキリスト（ブリューゲル，1565年，部分）

さて，使徒信条は「ポンティオ・ピラトのもとで苦しみを受け，十字架につけられ，死んで葬られ」とイエスの十字架刑について説く．十字架でのイエスの死がポンティオ・ピラトのとき行われたからである．ポンティオ・ピラトはローマの総督の中で最も長い期間ユダヤを統治した総督であった．なぜ，キリスト教会は信仰告白の中にローマの総督の名前を入れたのか．それには二つの理由が考えられる．一つは，イエスが人間の歴史に実在していたことをはっきりさせるためである．もう一つは仮現説（Docetism）への反論との神学的理由が考えられる．仮現説とはイエスの肉体性を完全に否定する教説である．人間が目にしたイエスは，幻のごとき存在であり，イエスは終始，霊的な存在であって，肉体をもつことはないという主張である．キリスト教会はピラトの名前を取り上げることによって，イエスは実在しており，ゆえにイエスの死と復活は確かな史実であるということである．

イエスの復活　十字架で処刑されたイエスは三日後に復活する．イエスは金曜日の午後3時に死んで日曜日夜明けに復活する．キリスト教会が日曜日に礼拝をする理由は復活を祝うためである．福音書は二つの証拠を取り上げ，イエス復活を伝える．まず「空っぽの墓」である．「安息日が終わると，マグダラのマリア，ヤコブの母マリア，サロメは，イエスに油を塗りに行くために香料を買った．そして，週の初めの日の朝ごく早く，日が出るとすぐ墓に行った．彼女たちは，『だれが墓の入り口からあの石を転がしてくれるでしょうか』と話し合っていた．ところが，目を上げて見ると，石は既にわきへ転がしてあった．石は非常に大きかったのである．墓の中に入ると，白い長い衣を着た若者が右手に座っているのが見えたので，婦人たちはひどく驚いた．若者は言った．『驚くことはない．あなたがたは十字架につけられたナザレのイエスを捜しているが，あの方は復活なさって，ここにはおられない．御覧なさい．お納めし

た場所である』」（マルコによる福音書16章1−6節）．「週の初めの日」は「日曜日」をさす．イエスへの深い思いをもっていた女性たちはイエスの死体に油を塗りに墓に出向かう．死んだ人の体に香油を塗るのはユダヤ人の慣習である．ユダヤ人は死者を土葬や火葬するのではなく，岩の山に大きな穴を空け，その中に死体を納める．死体が盗まれるのを防げるため，穴の入口を巨大な石で塞ぐ．死体が盗まれることは不可能である．しかし，「天使」からイエスの復活を伝えられる．彼女たちが見たのはイエスの死体のない墓であった．

　第二の証拠は証人の目撃である．「**その後，彼らのうちの二人が田舎の方へ歩いて行く途中，イエスが別の姿で御自身を現された．この二人も行って残りの人たちに知らせたが，彼らは二人の言うことも信じなかった．その後，十一人が食事をしているとき，イエスが現れ，その不信仰とかたくなな心をおとがめになった．復活されたイエスを見た人々の言うことを，信じなかったからである**」（マルコによる福音書16章12−14節）．死んだはずのイエスが生きている人間の体で弟子たちの前に現れたのである．その前に復活したイエスを目撃した人々の証言があった．イエスはその証言を裏付けるため，弟子たちの前に現れ，彼らの信仰を励ましたのである．

　イエスの復活はキリスト教会の宣教の内容を「神の国」から「復活のイエス」へと変えたのである．しかし，それは神の国というイエスの宣教内容を否定することではなく，復活のイエスを信じることによってイエスの教えを信じることである．「**キリストは死者の中から復活した，と宣べ伝えられているのに，あなたがたの中のある者が，死者の復活などない，と言っているのはどういうわけですか．死者の復活がなければ，キリストも復活しなかったはずです．そして，キリストが復活しなかったのなら，わたしたちの宣教は無駄であるし，あなたがたの信仰も無駄です**」（コリントの信徒への手紙一15章12−14節）．イエスの復活はキリスト教信仰の「軸」である．キリスト教を支える二つの柱は「クリスマス」と「イースター」

である．復活はキリスト教の二つの柱の一つである．キリストの復活がな
かったら，宣教と信仰は無駄である．イエスの復活は，「全能の究極的表
現」であり，キリスト教信仰の中核である．イエスの復活は，史的イエス
(historical Jesus) を信仰のキリストとした出来事である．復活はキリスト
教の始まりである．

第 4 節　差別からの解放——イエスと女性たち

　新約聖書，主に福音書に女性たちはイエスの協力者とされており，宣教
活動において重要なメンバーである．女性たちはイエスの最期の目撃者で
あり，復活の最初の証人である（マルコによる福音書 15 章 33-41 節，マル
コによる福音書 16 章 1-8 節）．現代社会での男女平等という考えは一般的
であるが，イエスの時代は男性中心の社会で，女性たちは軽んじられてい
た．しかし，イエスは女性たちを主体的人格とし，男女対等性をイエスは
肯定していたのである．イエスの女性観は革命的な思想であり，イエスは
女性を自由に交際できる存在，また責任ある人間とした．
　こうしたイエスの女性観をイエスとサマリアの女性との出会いから確認
できよう．イエスはサマリアのシカルである女性と出会う．彼女は 12 時
に水をくむために井戸にきたが，そこでイエスと出会う．12 時は一日中
最も気温が高いときであるため，水をくむことはしない．イエスはサマリ
アの女性に水を飲ませてほしいと頼む．サマリアの女性はユダヤ人の男性
がサマリアの女性になぜ，水を飲ませてほしいというのかと反問する．イ
エスは彼女と長く対話をする．最後にイエスは彼女に人間の究極的な乾き
を潤すのはイエスであることを明かす．**「イエスは答えて言われた．この
水を飲む者はだれでもまた渇く．しかし，わたしが与える水を飲む者は決
して渇かない．わたしが与える水はその人の内で泉となり，永遠の命に至**

る水がわき出る．……女が言った．わ
たしは，キリストと呼ばれるメシアが
来られることは知っています．その方
が来られるとき，わたしたちに一切の
ことを知らせてくださいます．イエ
スは言われた．それは，あなたと話
をしているこのわたしである」．これ
はイエスが神であることの証であり，
イエスは女性にしかも差別を受けて
いた女性に自己啓示をしたのである．
その女性をとおしてイエスのことが
シカルの町に広がり，多くの人がイエ
スを信じる．シカルという町において
の最初の伝道者はサマリアの女性であ

キリストとサマリアの女
（活水女子大学）

る．「さて，その町の多くのサマリア人は，『この方が，わたしの行ったこ
とをすべて言い当てました』と証言した女の言葉によって，イエスを信じ
た……彼らは女に言った．『わたしたちが信じるのは，もうあなたが話し
てくれたからではない．わたしたちは自分で聞いて，この方が本当に世の
救い主であると分かったからです』」．しかし，サマリアの男性たちはこの
女性をとおしてイエスを信じたとは認めない．イエスと当時の男性たちの
女性観は溝が深い（ヨハネによる福音書4章1−42節）．

　もう一つの女性観を取り上げると，姦通の現場で捕らえられた女性をイ
エスが赦す物語である．ユダヤ人の男性たちは姦通の現場である女性をイ
エスのところに連れて来る．彼らは彼女を殺すべきだという．しかし，イ
エスは彼らに向かって罪を犯してない人が先に石を投げよと言う．男性た
ちは皆逃げてしまい，彼女はイエスによって赦される．この物語からも当
時の男性たちの女性蔑視がわかる．旧約聖書レビ記には姦通の場合は，女

性のみならず男性も死刑に処せられると書いてある（レビ記20章10節）．この規定はユダヤ人にとって絶対守るべき律法である．しかし，男性たちは女性のみに罪を問うのである．それに対してイエスは男性優位の教えや態度をとらず，歪んでいる伝統的な見方を退ける．イエスの教えの核心である神の国は，男も女もなく一つであることをイエスは示している（ガラテヤの信徒への手紙3章28章）．

イエスは譬え話においても独自な女性理解を説く．「ともし火の譬え」（ルカによる福音書8章16−18節），「パン種の譬え」（ルカによる福音書13章20節），「無くした銀貨の譬え」（ルカによる福音書15章8−10節）はすべて女性が主人公である．「パン種の譬え」は次のように女性を表現している．**「また言われた．神の国を何にたとえようか．パン種に似ている．女がこれを取って三サトンの粉に混ぜると，やがて全体が膨れる」**．神の国は練られた粉の内側から働いて，パン生地全体を膨らませるイーストのように人間共同体を成長させるとイエスは述べている．イーストは神のことばである．イーストをパン生地に入れるのは女性である．イエスの譬え話での主人公は神をさす．女性が神に比喩されていることは，女性の働きによって神の国が到来するということである．

イエスにとって女性は男性と同等の人格的存在である．それは神の似姿（Imago Dei）として女性も創造されたからである（創世記1章27節）．イエスの活動は社会の束縛からの女性解放でもあった．

☞　**課題**

・男尊女卑という思想はなぜ問題を抱えているか，それをイエスの思想と比較してみよう．

・女性差別は男性差別にもつながる．その理由について考えてみよう．

第9章 イエスの教えと奇跡

第1節　世の塩と光として生きるということ——山上の説教

　マタイによる福音書5章—7章には「山上の説教」が収録されている．これは「山上の垂訓」とも言われる．イエスが山の上でイエスに近寄ってきた群衆に向けて語った説教である．その群衆たちは食べ物や病などに苦しみ，つねに生きることに悩んでいた貧しい人々である．彼らは癒しと慰めを求めイエスに近寄ったのである（マタイによる福音書4章23—25節）.

　イエスは彼らの求めに応じて祝福のことばを述べる．これが有名な「八つの幸い」である（マタイによる福音書5章3—10節）．しかし5章11節には「**わたしのためにののしられ，迫害され，身に覚えのないことであらゆる悪口を浴びせられるとき，あなたがたは幸いである**」とあるので，「九つの幸い」が述べられている．「幸いである」とはギリシア語で「マカリオス」という．意味は「恵まれた」「祝福された」「幸いな」である．ただし，このイエスのことばを聞いている人々のみが祝福されているわけではない．イエスは現在，この箇所を読んでいる人々にも祝福を述べているのである．つまり，イエスの言う「幸い」はすべての人への祝福であるということ，またイエスが幸いを宣言しているから，神の国の祝福がイエスによってすでに実現されたということをいうのである.

　幸いを述べた後イエスは人間が守ることがほぼ難しい道徳を取り上げている．「腹を立ててはいけないこと」（5章21—26節），「誓願してはいけないこと」（5章33—37節），「復讐の禁止」（5章38—42節），「悩まずに生きること」（6章25—34節），「人を裁かないこと」（7章1—6節）などであ

る．この戒律を文字どおりに受けとめると実践し難いので，無力感に陥ってしまう．むしろこの戒律を逆説的に受けとめると，イエスが求める人間社会，また生き方が見えてくるはずである．この戒律がイエスの視点であり，イエスの視点から人間社会を見つめなおせば，いかにも人間社会に愛が欠けているかがわかる．山上の説教は完全で理想的な倫理を教えるのではなく，実践できないゆえに人間自身を省みるところへと導く「新しい義」という道徳である．

　山上の説教には道徳の教師としてのイエスの独創性がみられる．イエスの求める新しい義とは，良き生活とは何かという人間の根源的な問いへの道を示している．山上の説教は純粋な心からの神への服従を教えるため，基本的な道徳の真髄へと直行する．また，山上の説教は道徳を内面化する．行為は木の実のようなものである．もし，良い実を望むならば，まず木そのものを良くしなさいとイエスは言う．「断食」についての教えからわかるように重要なのは，人間は何を行うかではなく，何であるかである（マタイによる福音書6章16—18節）．第三の特徴は，すべての排他性，特殊性をすっかり脱却している普遍性である．**「あなたがたは地の塩である．**

カファルナウムから山上の説教の教会をのぞむ

だが，塩に塩気がなくなれば，その塩は何によって塩味が付けられよう．もはや，何の役にも立たず，外に投げ捨てられ，人々に踏みつけられるだけである．あなたがたは世の光である．（中略）あなたがたの光を人々の前に輝かしなさい．人々が，あなたがたの立派な行いを見て，あなたがたの天の父をあがめるようになるためである」（マタイによる福音書5章13—16節）．山上の説教が求めるのは普遍的な人間性である．人間としてイエスは人間に関心をもっている．また，イエスの世界をみる視野は実に広い．パレスチナを超えて全世界をみている．人間の務めは全世界に対する真の光の担い手となることである．塩のような生き方もすべての人々に役に立つことである．これが神に従いつつ神に倣う弟子の生き方である．普遍的な倫理が説かれるのは，神が普遍的存在であるということである．

☞　**課題**

・イエスは山上の説教を語る際に反対命題を取り上げている．その理由を調べてみよう．

・山上の説教でイエスはエゴイズムの克服を試みている．その理由を考えてみよう．

第2節　新しい愛の秩序——逆説的な隣人愛

イエスの教えの核心は隣人愛である．イエスは最も重要な掟を「神を愛すること」と「隣人を自分のように愛すること」だと言う（マルコによる福音書12章28—31節）．この隣人愛がイエスの言う敵をも愛することである．「あなたがたも聞いているとおり，『隣人を愛し，敵を憎め』と命じられている．しかし，わたしは言っておく．敵を愛し，自分を迫害する者

善いサマリア人のたとえ
（レンブラント，1630 年）

のために祈りなさい．あなたがたの天の父の子となるためである．父は悪
人にも善人にも太陽を昇らせ，正しい者にも正しくない者にも雨を降らせ
てくださるからである」．（マタイによる福音書 5 章 43—44 節）．イエスの
言う隣人愛は敵をも愛することであるため，すべての人を愛することであ
る．すべての人への愛だから，隣人愛は普遍的な愛である．

　イエスの言う隣人愛にはいくつかの特徴がみられる．まず，隣人愛は隣
人になるということである．このことについてのイエスの答えが「善きサ
マリア人のたとえ」である．この物語は，ある旅人が追いはぎに襲われ半
殺しされている状態から始まる．そこに，祭司とレビ人，そしてサマリア
人が通過する．祭司とレビ人は傷ついている同胞を助けなかった．これに
対してサマリア人は傷ついた人のもとに近づき手当てをしてあげた．サマ
リア人とユダヤ人は反目の関係である．さらにサマリア人は宿屋に連れて
行って介抱し，その翌日には宿屋の主人に金を渡して介抱を頼む．このと
き半殺しされている人にとって隣人になったのはサマリア人である．言い

換えればサマリア人は助けることができたから半殺しされている人を隣人として選んだのではなく，その人を助けることができたからサマリア人は隣人になれたのである（ルカによる福音書10章25―37節）.

　次に，隣人愛は人を憐れむことである.「善きサマリア人のたとえ」においてもサマリア人の愛は人を憐れむことであったが，「放蕩息子のたとえ」でイエスの憐れみを読み取ることができる. ある父親に息子が二人いた. 次男は父親に財産の分け前をしてくださいと頼む. 次男は与えられた親からの財産を持って遠い国に行き放蕩の限りを尽くした. お金をすべて使い果たしたとき次男は食べ物に困ってしまい，父親のところに帰る. 次男が帰ることを待っていた父親は次男の帰りを喜び，全財産を無くした次男のために祝宴を開く（ルカによる福音書15章11―32節）. この物語をとおしてイエスが問うのは社会で悪者とされている人をも愛されるべきであるということである. 正しい人のみが大切にされるべきだということが社会の常識である. しかし，イエスはその常識を根底からくつがえすのである. すべての人は，たとえ行いが正しくないと批判されても，その存在は大切にされるべきである.

　最後に，隣人愛は一人ひとりに注がれる愛である. これを「見失われた羊のたとえ」をとおして確かめることができる. ある羊飼いに100匹の羊がいた. ある日，羊の群れから1匹の羊が迷い出た. それを知っていた羊飼いは99匹を野原に残し，見失われた1匹の羊を探し回る. そしてその羊を見つけたら喜んで羊を担いで帰り，近所の人々を呼び集め祝宴を開き楽しむ（ルカによる福音書15章4―6節）. この物語に出てくる羊飼いは神をさす. 神は失われた人，つまり神から遠く離れた人が神に立ち帰るなら，それが神の喜びであり，共同体の喜びである. 言い換えれば神の国は憐れみの共同体であり，喜びの共同体である. そして神の憐れみは一人ひとりへの愛である. ゆえに，神の愛はすべての人に注がれる公平な愛である. 神が公平な愛を施しているゆえに，人間もそれに倣って公平な思い

で人を愛すべきである．それが隣人愛である．

☞　課題

・隣人愛が現代社会において倫理となるべき理由について考えてみよう．

・イエスの隣人愛は十戒の思想とつながっている．その理由を述べてみよう．

第3節　隠れた宝物を探そう —— 神の国と譬え話

イエスの宣教活動の中心は神の国である．「神の国」は「神の支配・神の統治」を意味する．イエスは神の支配を，譬え話を用いて教えた．イエスは多くの譬え話を用いたが，神の国について説く際には「**神の国 ——天の国 —— は次のようにたとえられる**」から始まる．

まず，イエスの教える神の国はすべての人に必要な食べ物が与えられる国である．マタイによる福音書20章1−16節には「ぶどう園の労働者のたとえ」が書いてある．あるぶどう園の主人が労働者を雇う．彼は広場に出かけて，夜明けに，朝9時に，昼に，午後にも労働者を一デナリオンの約束で雇う．夕方に賃金を払うが，主人は雇ったすべての労働者に同じ賃金を払う．長い時間を働いた人も，1時間くらいしか働いていない人にも同じ一デナリオンを払う．一デナリオンはイエスの時代の日雇い労働者の賃金である．そのお金ですべての労働者が必要な食べ物を買える．この譬え話から神の国がわかる．それは必要な食事がすべての人に与えられることである．

次に，神の国は成長する国である．イエスは「種を蒔く人のたとえ」において次のように語る．「**種を蒔く人が種蒔きに出て行った．蒔いている間に，ある種は道端に落ち，鳥が来て食べてしまった．ほかの種は，石だ**

らけで土の少ない所に落ち，そこは土が浅いのですぐ芽を出した．しかし，日が昇ると焼けて，根がないために枯れてしまった．ほかの種は茨の間に落ち，茨が伸びてそれをふさいでしまった．ところが，ほかの種は，良い土地に落ち，実を結んで，あるものは百倍，あるものは六十倍，あるものは三十倍にもなった」（マタイによる福音書 13 章 3—8 節）．種は神の福音をさす．土地は人間の心である．少なくとも 4 分の 3 は神の福音を受け入れない．しかし，良い心の中にまかれた神の福音は期待を超えて 100 倍，60 倍，30 倍の実を結ぶ．神の福音の生命力は強く，それが神の国の成長である．

　第三に，神の国はタラントンを用いる国である．イエスはタラントンの譬え話で次のように言う．「天の国はまた次のようにたとえられる．ある人が旅行に出かけるとき，僕たちを呼んで，自分の財産を預けた．それぞれの力に応じて，一人には五タラントン，一人には二タラントン，もう一人には一タラントンを預けて旅に出かけた．早速，五タラントン預かった者は出て行き，それで商売をして，ほかに五タラントンをもうけた．同じように，二タラントン預かった者も，ほかに二タラントンをもうけた．しかし，一タラントン預かった者は，出て行って穴を掘り，主人の金を隠しておいた」（マタイによる福音書 25 章 14—18 節）．タラントンは通貨の単位で才能や能力をさす．タレントの語源である．僕たちにタラントンを預けたのは神であり，僕は人間をさす．神の国は人間の能力が神に信頼される国である．才能を発揮するのは信頼という神の恵みが働いているからである．神は五タラントンと二タラントンを設けた僕を誉める．しかし，何も残してない一タラントン預かった人を厳しく責める．イエスの時代労働者の一日の一デナリオンである．タラントンは 600 デナリオンであるから，労働者の 19 年分の給料に相当する．つまり僕たちは相当な金額を預かったのである．神から預かった才能は相当な潜在力のあるものである．それを高く評価した人はそれなりの実りを神に返したのである．言い換え

れば，神から託されているものを人と社会に喜ばれる形で答えたのである．人間が才能を用い，使命を果たすところに人間社会は発展する．その発展が神の国の成長である．

☞ **課題**

・自分の才能を用いることによって社会にどういう貢献ができるか．考えてみよう．

・今の世界は神の国だと言えるだろうか．もし言えないならばその理由を述べてみよう．

第4節　苦しみと悲しみからの解放──イエスの癒しの物語

イエスの宣教活動は人々の苦しみからの解放である．人間にとって解放されるべき苦しみと悲しみとは何か．とくに貧しい人々にとって苦しみは病である．その解放が救いである．ルカによる福音書ではイエスについて次のように宣言している．「**主の霊がわたしの上におられる．貧しい人に福音を告げ知らせるために，主がわたしに油を注がれたからである．主がわたしを遣わされたのは，捕らわれている人に解放を，目の見えない人に視力の回復を告げ，圧迫されている人を自由にし，主の恵みの年を告げるためである**」（ルカによる福音書4章18−19節）．人間を悲しみから解き放つため，イエスは癒しという奇跡を用いたのである．

イエスが人々の病を癒したのは病に苦しんでいる群衆がイエスのところに癒しを求めて集まってきたからである．「**夕方になって日が沈むと，人々は，病人や悪霊に取りつかれた者を皆，イエスのもとに連れて来た．町中の人が，戸口に集まった．イエスは，いろいろな病気にかかっている大勢**

の人たちをいやし，また，多くの悪
霊を追い出して，悪霊にものを言う
ことをお許しにならなかった．**悪霊
はイエスを知っていたからである」**
（マルコによる福音書1章32—34節）．
病の癒しは群衆の求めに対するイ
エスの愛による応じ方であり，それ
はイエスの宣教活動にとって重要

盲人を癒すキリスト
（エル・グレコ，1571—1572年）

なことであった．イエスはことばだけではなく，行いをとおして愛を示し
たのである．そして癒しという奇跡を除いてイエスを理解することは不可
能である．

　イエスの癒しにはいくつかの特徴がみられる．一つは，イエスが患部を
触り癒すことである．生まれつき目の不自由な人を癒す際にイエスは手で
目を触り癒すのである．**「イエスは地面に唾をし，唾で土をこねてその人
の目にお塗りになった．そして，「シロアム──『遣わされた者』という
意味──の池に行って洗いなさい」と言われた．そこで，彼は行って洗い，
目が見えるようになって，帰って来た」**（ヨハネによる福音書9章6—7節）．
第二は，体の病のみならず心を同時に癒すことである．中風の人がイエス
の前に運ばれたとき，イエスは次のように語りかける．**「イエスはその人
たちの信仰を見て，中風の人に，「子よ，あなたの罪は赦される」と言わ
れた．……そして，中風の人に言われた．「わたしはあなたに言う．起き
上がり，床を担いで家に帰りなさい．」その人は起き上がり，すぐに床を
担いで，皆の見ている前を出て行った」**（マルコによる福音書2章1—12節）．
当時ユダヤでは病や障がいは，人間が罪を犯したからだと思っていた．す
なわち病気の人は罪人とみなされた（ヨハネによる福音書9章1—3節）．罪
人とは神から天罰を受けている人であるとみなされていた．体の病気で苦
しんでいるのに，罪人とされることによって精神的な負担もあった．イエ

スは体のみならず心も癒し，すべての鎖から解放した．これは全人的治療である．第三の特徴は，悪霊に取りつかれた人を癒したことである．ある安息日にイエスは汚れた霊によって苦しむ男を癒す．汚れた霊は人間の心と体を支配し，正常的な生活を妨げる．悪霊によって人間の尊厳が踏みにじられる．悪霊によって人間は町から離れ，墓場に住んでいたからである．悪霊を追い出すというイエスの癒しは普通の生活へと人間を戻すことであり，それはまた社会に復帰することである．イエスの宣教活動は人間が人間らしく生きることの回復である（マタイによる福音書8章28―34節，マルコによる福音書1章21―28節，ルカによる福音書6章6―11節）．

　現代人では奇跡を信じることには否定的である．しかし，奇跡は今も起こっている．たとえば，昔は遠い人と話すことは不可能であったが，今は音声電話でさらに画像をみながら通話ができる．昔の人からみればこれは奇跡である．人が歩いて移動していたときには新幹線などは考えられない．しかし，今は乗り物での移動は常識である．イエスの時代に生きていた人々から考えれば，イエスの癒しは普通のことであったと言えよう．イエスの癒しの物語は苦しんでいる人への憐れみが人を悲しみから自由にさせることである．聖書は癒しを求めて祈ることを教えている．**「信仰に基づく祈りは，病人を救い，主がその人を起き上がらせてくださいます．その人が罪を犯したのであれば，主が赦してくださいます．だから，主にいやしていただくために，罪を告白し合い，互いのために祈りなさい．正しい人の祈りは，大きな力があり，効果をもたらします」**（ヤコブの手紙5章15―16節）．

☞　**課題**

・ルカによる福音書6章6―11節からイエスの癒しの精神について考えてみよう．

・イエスの宣教活動と教えが現代にも必要な理由について考えてみよう．

第10章　イエスから弟子たちへ

第1節　失敗から立ち上がる人間の崇高さ —— ペトロ

　ペトロはガリラヤ湖の漁師でイエスの招きを受け弟子になり，しかもイエスの一番弟子というべき存在である．彼の本名は「シモン」である．ペトロはガリラヤ湖で漁をしていたときイエスから声をかけられる．その声に応じて兄弟のアンデレ，そしてヨハネとヤコブとともに船と父親を残しイエスに従う．ペトロはまっすぐな性格の人であることがわかる（マタイによる福音書4章18-22節）．

　ペトロはイエスとの間でさまざまな逸話を残している弟子でもある．その代表的な逸話が，ペトロが信仰を言い表したことである．イエスと共にフィリポ・カイサリアに行ったときイエスは弟子たちに「あなたたちはわたしを何者だと言うのか」と聞く．ペトロはイエスがメシアであり，生ける神の子であると答える．「メシア」とは「キリスト，救い主」の意味である．イエスはペトロの告白に対して次のように答える．「**シモン・バル**

聖ペトロの否認（ホントホルスト，1620-25年頃）

ヨナ，あなたは幸いだ．あなたにこのことを現したのは，人間ではなく，わたしの天の父なのだ．わたしも言っておく．あなたはペトロ．わたしはこの岩の上にわたしの教会を建てる．陰府の力もこれに対抗できない．わたしはあなたに天の国の鍵を授ける．あなたが地上でつなぐことは，天上でもつながれる．あなたが地上で解くことは，天上でも解かれる」（マタイによる福音書16章16—18節）．ペトロは世界で初めてイエスへの信仰を正しく告白した人である．

　ペトロの告白を聞いたイエスは弟子たちにイエスの死と復活のことを予告する．しかしペトロはイエスをわきへ連れ出しイエスの死はあってはならないことだと言い始める．イエスはペトロに「**サタン，引き下がれ．あなたはわたしの邪魔をする者．神のことを思わず，人間のことを思っている**」と厳しく叱る（マタイによる福音書16章21—23節）．ペトロは自分が考えていたメシアとイエスが語るメシアへのイメージがかけ離れていたと思い込み，自分のメシア像をイエスに投影しようとしたのである．イエスの叱りはペトロの存在への叱責ではなく，ペトロの思い込みへの叱りである．

　また，ペトロはイエスの逮捕と裁判，そして処刑の際に躓く逸話がある．最後の晩餐のときイエスは自分の苦しみを語る．そのときペトロは最後までイエスに従うと言い張る．それに対してイエスは「**あなたは今日，今夜，鶏が二度鳴く前に，三度わたしのことを知らないと言うだろう**」と予告する（マルコによる福音書14章27—30節）．ペトロはイエスが逮捕され尋問を受ける大祭司の庭までついて行く．そこで彼はイエスの予告のとおり鶏が鳴く前に三度にわたってイエスのことを否認する．そして鶏の鳴き声を聴いてペトロはイエスの予告を思い出し泣き出すのである（マルコによる福音書14章66—72節）．

　ところが躓きを重ねていたペトロはイエスの復活を経験し，エルサレム教会にて中心的な役割を果たす．彼はエルサレムでイエスのことを伝え，

3000人に洗礼を授ける（使徒言行録2章1—42節）．にもかかわらずペトロは再び躓く．それはユダヤキリスト教徒と異邦人キリスト教徒の間に挟まれてしまいイエスの教えにふさわしくない行動をとったからである（ガラテヤの信徒への手紙2章11—14節）．またペトロは，コルネリウスとの出会いをとおして神の救いは普遍的であることを悟るのである（使徒言行録10章1—48節）．

　イエスの一番弟子だと自認しながらも失敗を重ねるが，すぐに後悔してそこから立ち上がるペトロの姿は，挫折をくり返しながら生きる平凡な人間に親しみをもたせる．その背後にはイエスの励ましと信仰が働いていたのである．この世界には完全で理想的な人間はおらず，弱さや問題を抱いている人間ばかりである．しかし，人間の崇高な姿および生き方は，たとえ失敗を重ねてもそこから立ち直りつつ生きることである．ペトロの人生は挫折の中で悩む現代人に励ましと慰めを与える．

第2節　迫害者から伝道者へ──パウロ

　キリスト教はローマ帝国の東の辺境ともいうべきパレスチナで誕生した．まさにイエスの宣教の中心はパレスチナであり，ペトロも主にエルサレムを中心に宣教活動をしていた．こうした中キリスト教の教えが小アジアとヨーロッパへと広げた人物はパウロである．彼は三度にわたって小アジア（今のトルコを中心に）とヨーロッパ（ギリシア半島を中心）に宣教の旅をし，さまざまな所にキリスト教会を建てる．そして多くの書簡をとおしてキリスト教の学問的な基礎を置いたのである．

　パウロはディアスポラの出身のユダヤ人で，当時ヘレニズムの都市の中心地であったタルソスに生まれ，イエスと同世代の人である．彼は自分について次のように言う．「**わたしは生まれて八日目に割礼を受け，イスラ**

エルの民に属し，ベニヤミン族の出身で，ヘブライ人の中のヘブライ人です．律法に関してはファリサイ派の一員，熱心さの点では教会の迫害者，律法の義については非のうちどころのない者でした」（フィリピの信徒への手紙3章5-6節）．と同時にパウロはローマの市民権を有していた（使徒言行録22章22-29節）．回心前のパウロはキリスト教会を迫害し，ステファノという伝道者を殺害するとき賛成をしていたのである（使徒言行録8章1節）．パウロがキリスト教に敵対した理由は，初期のキリスト者たちが救いにおいてユダヤ人が重んじてきた律法を軽視したことに起因する．こうしてパウロは率先してキリスト教徒を迫害していたが，復活したイエスとの劇的な出会いによって回心する（使徒言行録9章1-9節）．

　回心を経験したパウロはキリスト教を擁護する人に変わり，さらに宣教者として人生を送るようになる．パウロの思想を一言でいえば「信仰義認」(justification by faith alone) である．これは人間が神から救われるのは人間の行いによるのではなく，神の恵みによるということである．「義」と

パウロの回心（カラヴァッジョ，1600年）

は「救われた状態」であり，神がイエス・キリストの出来事をとおしてすべての罪人を「義人・正しい人」と認めてくれるとの意味である．つまり，救いは神の無条件的な恵みによるとの主張である．律法は救いの手段ではないが，人間に罪意識を明らかにするとパウロは言う．**「人は律法の実行ではなく，ただイエス・キリストへの信仰によって義とされると知って，わたしたちもキリスト・イエスを信じました．これは，律法の実行ではなく，キリストへの信仰によって義としていただくためでした．なぜなら，律法の実行によっては，だれ一人として義とされないからです」**（ガラテヤの信徒への手紙 2 章 16 節）．イエス・キリストを信じる信仰によって人間は救われるとのことが「信仰義認」である．このパウロの教えは，アウグスティヌスに継承され，16 世紀の宗教改革の思想となる．

　パウロはアンティオキア教会から異邦人の宣教者として派遣され，三度にわたって宣教の旅を続ける．彼の伝道の原則は，自給伝道であり，その地方に拠点となれる教会を建設することであった．さらに彼は交通商業の要地に教会を建てる．こうしたパウロの活動によってキリスト教は小アジアからヨーロッパへ広げられるのである．さらにパウロは世界宣教の夢をもち，当時としては世界の果てとされたイスパニア（今のスペイン）までキリスト教を伝えようとした．しかし，彼は夢を果たすことはできずに，ローマに移送され処刑されたと考えられる．パウロが残した手紙は新約聖書に収められている．その代表的な手紙は，ガラテヤの信徒への手紙，コリントの信徒への手紙一と二，フィリピの信徒への手紙，ローマの信徒への手紙などである．

　パウロの生涯はまさにキリスト教精神のメッセージであろう．それは迫害者が神によって赦され伝道者になったからである．人間の過去や過ちは赦されるべきものである．赦しが新たな人生へと導くのである．また，パウロは学問の人であった．彼の賜物が用いられ，キリスト教の基礎が据えられたのである．伝道者パウロは学者であったが，それを一つに結ぶのは

赦しである．赦しは人間を変えるのみならず，新たな創造を生み出すのである．

第3節 エルサレムからローマへ──キリスト教会の発展

　復活したイエスは 40 日間，弟子たちと共にいた．そのときの有名な逸話はペトロを励ましたことである．イエスはペトロに「あなたはわたしを愛しているか」と三度にわたって聞く．ペトロはイエスを愛していると答えると，イエスはペトロに「わたしの羊を飼いなさい」と新たな使命を与える（ヨハネによる福音書 21 章 15−19 節）．イエスは弟子たちに全世界のすべての人にイエスの証人になるという世界宣教を命じ，天に昇る（使徒言行録 1 章 8−11 節）．

　イエスの昇天から 10 日後にエルサレムにとどまっていた弟子たちは，聖霊降臨という不思議な経験をする．その経験によって彼らはイエスの福音をさまざまな国のことばで伝える．この聖霊降臨によってイエスを信じる人々が増え，エルサレムには教会という共同体ができる（使徒言行録 2 章 1−13 節）．彼らは共に生き，互いに助け合った．その生き方によって信者はますます増える（使徒言行録 2 章 43−47 節）．これがまさにイエスの教えである隣人愛である．エルサレムの教会はイエスへの信仰を人と共に生きることをとおして表したのである．信仰による愛の実践が共同体を強くし，教会の発展につながったのである．エルサレム教会のメンバーらを「ヘレニスト・ユダヤ人」という．つまり，キリスト教会の成立する際にエルサレムには三つの集団がいた．ヘブライ語を話すユダヤ人，ギリシア語を話すユダヤ人，そしてユダヤ人とは全く関係のない外国人，つまり「異邦人」である．イエスはユダヤ人であって，弟子たちも正統なユダヤ人であったが，キリスト教宣教の主役が「ヘレニスト・ユダヤ人」と「異

邦人」であったことは，キリスト教がすでに普遍的な宗教であったことの証である．

　さて，エルサレム教会にユダヤ人による迫害が行われ，人々は迫害から逃れるためエルサレムから散っていく（使徒言行録8章1−3節）．ところが散っていく中で，弟子たちはイエスの福音を伝える．「**さて，散って行った人々は，福音を告げ知らせながら巡り歩いた．フィリポはサマリアの町に下って，人々にキリストを宣べ伝えた．群衆は，フィリポの行うしるしを見聞きしていたので，こぞってその話に聞き入った**」（使徒言行録8章4−6節）．こうしてキリスト教はエルサレムとユダヤという境界を超えて広がるのである．キリスト教会への迫害は宣教のきっかけになり，教会発展の種まきであった．

　すでに述べたように，キリスト教会はイエスの命令に従い宣教の対象をユダヤ人に限定したのではなく，ユダヤ人以外の民族の「異邦人」を主な宣教のターゲットにする．その異邦人宣教において重要な拠点がパウロを派遣したアンティオキア教会であった．「**アンティオキアでは，そこの教会にバルナバ，ニゲルと呼ばれるシメオン，キレネ人のルキオ，領主ヘロデと一緒に育ったマナエン，サウロなど，預言する者や教師たちがいた．彼らが主を礼拝し，断食していると，聖霊が告げた．さあ，バルナバとサウロをわたしのために選び出しなさい．わたしが前もって二人に決めておいた仕事に当たらせるために．そこで，彼らは断食して祈り，二人の上に手を置いて出発させた**」（使徒言行録13章1−3節）．

　異邦人への宣教はパウロによって小アジアへ，さらにギリシアへ広がり，ついにはローマにたどり着く．「**パウロは，自費で借りた家に丸二年間住んで，訪問する者はだれかれとなく歓迎し，全く自由に何の妨げもなく，神の国を宣べ伝え，主イエス・キリストについて教え続けた**」（使徒言行録28章30−31節）．これは聖書が伝えるパウロについての最後の記述である．その終わり方はヨナ書とやや似ている．つまり，これは決してキリ

スト教宣教の歴史の結論ではない．それは，キリスト教がさらにローマから世界各地へ広がっていくからである．その終わり方からわかるのは，キリスト教宣教とは時代と場所に制限されず，いつまでも続けられていること，また継続されるべきであるということである．キリスト教はさらにローマから世界各地へ広がっている．こうしてキリスト教は世界の宗教となったのである．これはまさにキリスト教が特殊な民族宗教ではなく，その信仰と教えの中に普遍性をもっているからである．この普遍性をイエスのことばで言えば「愛敵」である（マタイによる福音書5章43—48節）．

☞ 課題

・パウロの思想からみえるキリスト教の精神について考えてみよう．
・ヘレニズムとヘブライズムの思想について調べてみよう．

ローマ・バチカンとジャニコロの丘

結びに代えて

　本書は大学でキリスト教を教える者として，これまで抱いてきた私の二つの悩みからできたものである．一つは「キリスト教学」についての定義とともに，どうすればわかりやすくキリスト教を紹介できるかということである．二つめの悩みは，キリスト教を理解しやすく学ぶため使うテキストの選定である．キリスト教についてほとんどふれたことのない大学１年生たちにテキストを紹介するのは安易なことではなかった．今回このような形で出版ができたことは，これまでの自分の歩みの一つの節目である．

　私はこれまでキリスト教神学を研究してきた者であり，主に日本のキリスト教思想をライフワークとしている．自分自身の信仰の深みのため神学研究に携わっている．そのような私が大学ではキリスト教を学問として教えている．キリスト教学と神学は共通するところもあるが，異なるところも多い．最初には戸惑いを覚えつつ講義に臨み，試行錯誤を経てようやくキリスト教学についての自分なりの答えを得たような思いがする．本書はその答えとなるものである．

　少なくともこれまでの教員としての経験から，「キリスト教学」について次のように言えると思う．第一は，なぜ，今日においてもキリスト教を学ぶべきなのか．なぜキリスト教の教えと思想が現代社会において倫理とすべきであり，私たちはそれを行うべきなのか．という問いへの答え探しあるいは道探しだと思う．キリスト教が教えることは不変的な内容である．それは聖書が永遠に書き換えられないことと同じである．まったく変わらないキリスト教の教えが時代を超えて講義されるべきかを大学生たちに問いかけ，共に答えを深めてきたのである．第二は，前述したが，「キリスト教学」とはキリスト教神学とは異なり，信仰の学問でもなければ教会形

成の学問でもない．またただ単にキリスト教を語る学問でもない．「キリスト教学」とは人間の理性に基づいて，いわば「教会の外の世界」つまり私たちが「世俗」とよぶ人間社会においてキリスト教精神を広げる学問である．十分だとは言えないが，本書において私はそうした精神の手がかりをえることを目的とした．あくまでも本書は入門書であるゆえに，深い議論までの立ち入りは控えた．多くの先達からの助言を願いたい．

本書は活水女子大学より研究図書出版助成を受け出版したものである．この場を借りて御礼を申し上げたい．また，一麦出版社の西村勝佳社長に御礼を申し上げたい．テキスト出版への一歩を進めさせたのは西村氏であった．しかし，私は勇気を出すことができず，執筆を後回しにしていた．西村氏の忍耐強さによって本書ができたのである．

本書の執筆をとおして自分の勉強不足を痛感した．長年にわたって神学を究めてきたものであるが，自分がいかにも知識の乏しき者であるかが見えてきた．これは良い収穫である．これを機にしてさらに研究に取り組んでいきたい．すでに出版されているテキストなどに目をとおしたときには感じなかったが，いざ，自分が概論を執筆してみたら，幼い頃に聖書を教えてくれた祖母をはじめ，多くの教師たちのことが思い起こされた．すでに多くの人々は天に召されたが，彼らの助けによってキリスト教を教える者になったと思う．また，先達の出版したものを参考にしてみたが，入門書であるだけに解釈や考え，見方の一致するところが多かった．教えるべき内容，また学ぶべき事柄についての思いは同じであると思われ，再確認ができたことは嬉しいことである．大切なキリスト教の精神を教えることをとおして多くの人々に伝えていきたい．祈りをもって支えてくれた周囲の多くの同僚，また信仰の仲間，さらに家族に感謝したい．

　　　主の後 2021 年 3 月　　　　　長崎市東山手町の研究室にて

　　　　　　　　　　　　　　　　　　　　　　　　崔炳一

参考文献

アリスター E. マクグラス, 本多峰子訳『総説キリスト教』キリスト新聞社, 2008 年.

池田裕他監修『総説旧約聖書』日本キリスト教団出版局, 2007 年.

大島力『旧約聖書と現代』NHK ライブラリー, 2000 年.

大貫隆他監修『総説新約聖書』日本キリスト教団出版局, 2003 年.

加藤隆『旧約聖書の誕生』ちくま学芸文庫, 2021 年.

越川弘英『旧約聖書の学び』キリスト新聞社, 2014 年.

―― 『新約聖書の学び』キリスト新聞社, 2016 年.

ジュリアス・スコット, 井上誠訳『中間時代のユダヤ世界』いのちのことば社, 2007 年.

ティーリケ H., 大崎節郎訳『主の祈り ―― 世界をつつむ祈り』新教出版社, 1962 年.

松田央『キリスト教の基礎』キリスト新聞社, 2007 年.

松永希久夫『松永希久夫著作集』第 3 巻「教会を生かす力 ―― その他の論文」一麦出版社, 2011 年.

溝田悟士『福音書解説』講談社, 2013 年.

森本あんり他編『神学とキリスト教』キリスト新聞社, 2009 年.

ハンター A. M, 禿準一訳『山上の説教講解』日本キリスト教団出版局, 1977 年.

フィリップ・セリエ, 支倉崇晴・支倉寿子訳『聖書入門』講談社, 2016 年.

フェルディナント・ハーン, 勝田英嗣訳『新約聖書の伝道理解』新教出版社, 2012 年.

ゼレ D, 丹治めぐみ訳『ナザレの人イエス』日本キリスト教団出版局, 2014 年.

並木浩一／新井章三編『旧約聖書を学ぶ人のために』世界思想社, 2012 年.

ローゼ E., 山内一郎他訳『新約聖書の倫理』教文館, 1995 年.

リチャード・ボウカム, 浅野淳博訳『イエスとその目撃者たち』2011 年.

―― 山口希生／横田法路訳『イエス入門』新教出版社, 2013 年.

ロッホマン, 古屋安雄／小林真知子訳『講解・使徒信条』ヨルダン社, 1996 年.

―― 南吉衛・南含訳『われらの父よ』キリスト教新聞社, 2001 年.

八木誠一『イエスと現代』NHK ブックス, 1977 年.

―― 『パウロ』清水書院, 2015 年.

宇田進他編『新キリスト教辞典』いのちのことば社, 1991 年.

A. ベルレユング／ C. フレーフェル編, 山吉智久訳『旧約新約聖書神学事典』教文館, 2016 年.

A. リチャードソン／ J. ボウデン編, 古屋安雄監修, 佐柳文男訳『キリスト教神学事典』教文館, 1995 年.

Thielicke Helmut, *Life can begin again*. tr. Deberstein. J. H. James Clark & Co. 1981.

〈著者紹介〉

崔炳一（チェ・ピョンイル　Choi Byung-il）

1966 年，韓国ソウル生まれ．九州大学大学院博士後期課程修
了（比較社会文化学博士，Ph.D）．
専門は日本キリスト教思想史．現在，活水学院・学院宗教主任．
活水女子大学看護学部教授．
著書『近代日本の改革派キリスト教 ── 植村正久と高倉徳太
郎の思想史的研究』（花書院，2007 年），『近代朝鮮における大
復興運動の歴史的展開』（大森講座 24，新教出版社，2009 年），
他論文多数．

キリスト教 ビギナーズ
キリスト教から生きる意味を学ぶ

発行............2021 年 3 月 18 日　第 1 版第 1 刷発行

定価............［本体 900 ＋消費税］円

著　者........崔炳一

発行者........西村勝佳

発行所........株式会社一麦出版社

　　　　　　札幌市南区北ノ沢 3 丁目 4 - 10　〒005 - 0832
　　　　　　TEL（011）578 - 5888　FAX（011）578 - 4888
　　　　　　URL https://www.ichibaku.co.jp/
　　　　　　携帯サイト http://mobile.ichibaku.co.jp/

印刷............株式会社総北海

製本............石田製本㈱

装釘............鹿島直也